工芸の見かた・感じかた

感動を呼ぶ、近現代の作家と作品

東京国立近代美術館工芸課〔編〕

淡交社

目次

※本書に紹介されている工芸作品は、すべて東京国立近代美術館の所蔵になるものです。
※作品名欄に記載した寸法の単位はセンチメートルで、h＝高さ／w＝幅／d＝奥行／D＝胴径／L＝長さを表します。

総論 工芸の見かた・感じかた——五つの視点と歴史と

金子 賢治

はじめに

「工芸」という言葉はいろんな意味に解釈されてきたし、実際その意味するところは実に広い。英語に訳す時には、一般に「craft」とするが、これがまたより幅広い意味を持ち、異なる文化、歴史の中で作られてきた言葉、概念であるので、「工芸」とは微妙に、時にはかなりずれている。その違いがかえって日本の工芸の性格をより深く捉えるのに役立つこともある。

茶道雑誌『淡交』の連載はこうした工芸の幅広い魅力をいろんな視点から楽しんでみようということで始まった。いわば横の広がりということであろうか。ここでは、この横の広がりを、もう一つ別の側面、縦の流れ、つまり歴史という側面を加えて、その魅力をよりショーアップしようということで書いていきたいと思う。縦と横の繋がり、絡み合いが連動していけば、工芸の見かた、感じかたをよりパワーアップして捉えていただけるのではないだろうか。

三つの工芸

日本の工芸は縄文土器が作られ始めた一万三千年前からの歴史を持っている。それが古代、中世を経て、江戸時代三百年の平和な時代に各藩の産業振興策の中で育まれ、高度に発展してきた。そして幕末、明治初期の激動の時代を乗り越え、近代工芸の出発となったのである。

この歴史からもわかるように、ここまでの工芸は手作りの産業のことである。現在の言葉でいえば手工業である。手工業は機械工業が出現してから、手作りを区別するために作られた言葉で、未だ機械工業が実質化しない明治初期、それはただ工業と呼ばれた。また時に工芸とも言われ、工芸と工業に意味の差のない「工芸＝工業」時代だったのである。

明治初期に出発した近代工芸は日ならずして未曽有の変貌を体験する。一つには明治三十年代、一九〇〇（明治三十三）年頃から機械工業が実質化し始めたこと、二つ目は、大正中頃から昭和初期にかけて、産業ではない、近代的な意味での作家の個性を表現する「表現の工芸」が生み出されてきたことである。

この結果、現在では三つの工芸が行われている。第一は縄文土器以来一万三千年の歴史を持つ手作りの産業、産業工芸。その現代での主なものの一つが経済産業省の所管する「伝統的工芸品」と称されるもので、民芸といわれるものもここに入る。両者はかなりの部分が重なるが、対象としているものが同じであることからくる必然である。

第二は機械工業。戦後ではグラフィックデザイン、インダストリアルデザインと呼ばれる。現在ではこれを工芸とは言わないが、戦争が終わる頃までは工芸と呼ぶこともしばしばあった。

そして第三が近代作家による、作家の個性を表現する工芸。産業の工芸に対して「表現の工芸」と称するのが適当である。この工芸が、現在、私達が通常「工芸家」とか「陶芸家」、「漆芸家」などという時の工芸である。第一の方は、陶芸なら「陶工」、漆芸なら「漆工」などと言う。もちろんこれは歴史とか工芸論とか、工芸概念を問題にするときの厳密な叙述の仕方のことで、作家が自らのことを謙遜して「陶工」と言ったり、非専門家や一般の方が好みや習慣でどう言おうと、それは好き好きということになる。

近代美術としての工芸はこの第三の分野のものになり、工芸館で取り上げる工芸もここに属するものである。当然ながらこの本で取り上げているのもこの分野の工芸である。

古典から学ぶ「表現の工芸」

さてこの第三の工芸は、大正中頃から昭和初期に誕生した頃、四つの傾向を持っていた。それは職人から作家へと転換を遂げようとする際に、拠り所としたものの違いによる。作家名を入れてまとめると以下のようになる。

①日本の古典（例えば桃山の茶陶や奈良・平安時代の工芸など）を拠り所とするもの
荒川豊蔵《あらかわとよぞう》、金重陶陽《かねしげとうよう》、松田権六《まつだごんろく》、飯塚琅玕斎《いいづかろうかんさい》、平田郷陽《ひらたごうよう》ら

②中国・朝鮮の古典陶磁（例えば宋代陶磁や高麗青磁、李朝の白磁など）
石黒宗麿《いしぐろむねまろ》、加藤土師萌《かとうはじめ》ら

③西洋の現代美術、工芸、デザインなど
富本憲吉《とみもとけんきち》、楠部彌弌《くすべやいち》、高村豊周《たかむらとよちか》、竹久夢二《たけひさゆめじ》ら

④民芸（民衆的工芸）
浜田庄司《はまだしょうじ》、河井寛次郎《かわいかんじろう》、黒田辰秋《くろだたつあき》、芹沢銈介《せりざわけいすけ》ら

例えば冒頭の飯塚琅玕斎の《花籃　宝殿》（p10・p115の《花籃・あんこう》も同じ編み方による）。これは解説にもあるように、平安時代の華《はな》籠《かご》の表現、技法を参考にしている。その代表である《竹製綾張華籠》（重要文化財、藤田美術館蔵）は十六本の竹をそれぞれ途中から十二、三本に割いて二束にまとめ、それを他の竹の二束と様々に捩り合わせ、小さな花弁を繋いだような円形の籠を作り出した。

飯塚はその手法を学び、それを一段と大規模に、華麗に展開させたのである。一九三八（昭和十三）年にはこの手法の作品、《花籃》を第二回新文展に出品している。これは生野祥雲斎《しょうのしょううんさい》や他の作家にも見られ、また竹産業界でも簡便化されて「束《たば》ね編み」として広く使われている。そして最も重要なことは、飯塚や生野の作品はそうしたルーツを全く感じさせないほど個性的で格調高い表現に高められているということである。職人ではない作家性を強く印象付けられるのである。

日本や中国・朝鮮の古典に学び、それを範として作家としての個性表現を作り出そうとする工芸制作の在り方（前記の①、②）は戦後工芸の中で大きな流れを作り出した。日本伝統工芸展を主な発表舞台としたこの傾向の工芸は、重要無形文化財制度とも深く関わりながら展開してきた。茶道雑誌の連載という性格上、取り上げた作品はほとんどこの分野のものである。

無形文化財思想と「表現の工芸」

さて重要無形文化財は工芸技術と芸能の二部門があるが（ここでは芸能は省略する）、工芸技術は、縄文土器以来の工芸技術、手作りの産業技術のことである。これを無形文化財として意識するということは、日本独自の考え方であり、一九五〇（昭和二十五）年の文化財保護法制定の際に明文化された。更に一九五五年の同法改定時に、重要無形文化財工芸技術を指定して、それを高度に体得したものをその保持者（俗に、人間国宝）として認定するという、重要無形文化財制度が出来上がった。

先にも述べたように、日本では縄文以来の工芸、手作りの産業の技術が様々な困難な状況を乗り越え、現代まで受け継がれてきた。それが現実に未だ存続していることが「無形」という発想に大きく寄与しているのである。産業革命以降の機械工業化の中で手作り産業を根絶やしにして機械化してきたヨーロッパとは全く事情を異にしている。現実に残っていない彼の地では「無形」などという発想自体が起きようがないのである。

バーナード・リーチはこう述べている。

「工場はフォークアート（手作りの産業）を実際上英国から放逐した。そしてフォークアートは唯欧羅巴の片田舎に生きながらえている。」（Bernard Leach, *A Potter's Outlook*, 1928　邦訳橋詰光春訳「陶工一家言」、「工芸」第29号、一九三三年。先に述べた通り、この訳は「陶工」ではなく、「陶芸家」とすべきである。）

「まず近所には、陶工は見当らなかったし、粘土も、薪も、薪を集める人も何もかもないないづくしでしたので、われわれは、自分たちですべてのものを見つけ、自らの手ですべてのことをしなければなりませんでした。」（バーナード・リーチ「思うこと、思い出すこと」、「學鐙」一九六一年十一月号、丸善）

リーチは、一九一〇（明治四十三）年来日し陶芸を修め、学校を出たばかりの浜田庄司を伴って一九二〇年にセント・アイヴズへ赴き築窯しようとした。そこでぶつかったのがこうした現実であった。日本ならほぼ全国どこにでも手本になる産地があり陶器製作者がいた。ここが全く違うのである。それが戦後の陶芸王国、工芸大国日本を作り出したのである。

さてこの重要無形文化財工芸技術には、例えば次のようなものがある。

友禅、志野、白磁、青磁、色絵磁器、絣織《かすりおり》、紬織《つむぎおり》、鋳金《ちゅうきん》、鍛金《たんきん》、蒔《まき》絵《え》、沈金《ちんきん》、衣裳人形、木工芸、竹工芸、截金《きりかね》

この本にもこれらの技法によるものがいくつも掲載されている。例えば「蒔絵」を重要無形文化財工芸技術に指定する、次にそれを高度に体得している松田権六を保持者として認定する、というのがこの制度である。したがって人間が国宝なのではない。持っている工芸技術が国宝級に高度で素晴らしいということである。

そしてこうした無形文化財としての工芸技術を様々に駆使し、現代に通ずる、あるいは時代を超えていくような表現、作品を作り出すこと、これが無形文化財制度の真髄である。そうした作品を展示公開、普及し、さらに後継者育成を目的に始められたのが日本伝統工芸展である。

古典と表現の結節

陶芸家、荒川豊蔵、石黒宗麿はこうした手法を早くから体現した作家である。荒川は故郷の桃山時代の窯跡の発掘から始めて、志野、黄瀬戸、瀬戸黒などの技法、材料などを桃山式に復元し、桃山の茶陶の再現から作家活動を始めた。昭和十年代には独自のスタイルを作り出した。《志野茶碗》（p93）はその円熟期の作品である。石黒は中国宋代の古典陶磁器を再現復元することから始めた。《千点文茶碗》（p76）、《千点文香合》（p85）は磁州窯の技法によるもので、《黒釉葉文碗》（p110）はいわゆる木の葉天目をもとにした作品である。しかし石黒はこの作品を「木の葉天目」とは言わず、敢えて黒釉を用いた葉文の茶碗と名付けた。復元・再現から創作へ、これが職人ではない作家たちの目論見であった。

国際標準、匂い立つ清新さ

染織は文字通り染と織の合成語である。日本では織とともに染が独立した芸術分野として確立している（友禅、型染、小紋、紅型《びんがた》など）。これは日本の大きな特徴である。織四人、染十人の十四人の染織家が収録されている。北村武資《きたむらたけし》は、いずれも正倉院などに伝えられる古代の羅《ら》、経錦の復元から独自の表現を打ち出した。羅は経糸《たていと》を捩り合わせて絡ませ、そこへ緯糸《よこいと》を通すもので、その技法上の煩雑さからほとんどのものが

《暈繝夾纈羅《うんげんきょうけちら》》（正倉院）などに代表されるように菱文系統の織である。しかし北村の羅（《透文羅裂地》ｐ89）は様々な工夫を加え、経糸・緯糸ともに劇的に変化し、あたかも厚い壁を形成するかのように構築していく。まさに北村自身が喝破するように「織物の組織そのものが表現」、言い換えると織るというプロセスがそれだけで作家的個性の表現になるという工芸的造形の本質が顕わになるのである。かつてアバカノヴィチが「一本の糸が通って行く道筋、織の表面とうねりに関心がある」と語ったのによく通ずる、国際標準の造形感覚である。

森口華弘《もりぐちかこう》の《友禅訪問着・早春》（ｐ94）は梅の大樹としな垂れる枝、梅花を配したものである。ここには自然写生、絵画、工芸の文様の歴史的研究の成果が凝縮されている。産業のデザインは、権利関係は別にして、他から形、文様、色を借用しそれをアレンジして何かを作り出すことは大いにあり得ることである。しかし作家の個性、創造性を第一義とする「表現の工芸」ではそれはあり得ない。産業工芸から「表現の工芸」が派生してくる際、その重要な要素になったのが表現の源泉である自然に還り、そこから作家のオリジナリティーを作り出すということであった。そこに過去の美術の歴史的研究の成果が融合される。そうして出来上がったのが《早春》である。そこには慶長小袖の大胆な構図に学び、全く新しい匂い立つような清新な表現が息づいている。

遺伝子の組み換え

螺鈿《らでん》は奈良時代の唐からの請来品のインパクト以来、長い伝統と高度な技法による豊かな表現を作り上げてきた。田口善国《たぐちよしくに》はそれを尊重しつつも時代に即した新しい表現を求めた。それは暗い行燈《あんどん》の灯りの時代から蛍光灯の光が充満した現代に通ずるもの、ということであった。そこで考案されたのが螺鈿を文様そのものから背景に配置換えし、文様そのものはシルエット化するという画期的なものであった。《野原蒔絵小箱》（ｐ73）はその早い作例である。それは多くの作家に支持され、佐々木英《ささきえい》の《蒔絵彩切貝短冊箱》（ｐ59）などのようにすばらしい効果のある作品を生み出し、昭和新螺鈿を作り出したのである。太田儔《おおたひとし》の蒟醬《きんま》（《藍胎蒟醬文箱・蝶》ｐ19）も同様に、文様の輪郭に沿った線描ではなく、テレビの走査線のように０・５ミリ間隔の縦横斜めの線に色漆を充塡し文様を表すという手法を考案したのである。

制約と表現のあるべき関係

人形分野で近代作家が登場したのは、竹久夢二が制作を始めた昭和初期の頃である。それに産業の人形業界も大いに刺激を受け、新しい制作を開始した。その一人が平田郷陽である。その頃の作品が《洛北の秋》（ｐ45）、《桜梅の少将》（ｐ84）で、当時平田が制作していた産業的な生人形《いきにんぎょう》の表現を受け、硬さを伴った独特の写実性、表情の画一性など、まだまだ「表現」という点で徹底しない点があるが、その品格の高さは特筆される。やがてそれはその品格を保ちつつ、その中で自由に姿態を変化させ、一種の空間彫刻とでも言うべき張り詰めた緊張感のある平田様式を打ち出していくのである。その伝統的な品格はいわば制約である。制約があるからこそ出てくる表現もある。この表現と制約の関係も工芸的造形独特のものである。

おわりに

本書で五つに分けてご紹介した工芸に対する様々な視点。それを歴史の流れの中に置いてみる。そうするとその視点がより立体的に広がり始める。他の作品もそういう風に見るとどう見えるか。ぜひ試みていただきたい。まだまだ語りたいことがいっぱい残っている。それはまたの機会に。

細部の真実

撮影／斎城　卓

古代の技法を複雑、華麗に展開

飯塚琅玕斎の竹編［たけあみ］

「典型と細部の真実」という言葉がある。ある事柄のほんの小さな一部分を取り出し眺めると、その事柄の全体像、意味などをたちどころに理解できるというようなことである。工芸作品は素材と技法の集積で出来上がる。その細部をクローズアップすると作品の感動の真実が見えてくる。

そこでまず竹の造形である。竹編で作られた花籠で、作者、飯塚琅玕斎は近代作家としての竹工芸制作のパイオニアである。

次頁の図を見ると竹の束が一単位となって組み合わされていることがわかる。その中の一つを下から上へと辿《たど》ってみる。なにかα字型の曲線を描いていて、その先から隣の束と細かいヒゴが一本ずつ交差して口縁部を形成しているのである。これは例えば、《竹製綾張華籠》（平安時代、重要文化財、藤田美術館蔵）の竹編技法を基本とし、それを華麗に複雑に展開させたものなのである。こうした古典研究。それが近代的工芸作家の大きな原動力の一つとなった。

（金子賢治）

飯塚琅玕斎
《花籃　宝殿》昭和23年頃

IIZUKA, Rokansai
Flower basket, "*Hoden* (holy shrine)"
c.1948　h34.5　D28.5

卵殻の破片で描き出す春の情景

寺井直次の金胎蒔絵［きんたいまきえ］

紅白梅は、絵画や工芸で好んで取り上げられるモチーフである。漆芸家・寺井直次によるこの《金胎蒔絵水指　春》も、咲きほこる紅白の梅花を表していて、とりわけ春を寿ぐ雰囲気にあふれている。このようにやわらかな情景は、どのような工芸技法によって実現されているのだろうか。

白梅の花の一つをよく見ると、小さな白い破片が多数集合してできていることがわかる。これは鶉《うずら》の卵殻を細かく砕いたもので、花心に黒褐色を塗り、細かい卵殻を蒔《ま》きつける。その外側は比較的面積の大きい卵殻が用いられ、花弁の縁で再び破片は細かくなる。こうして花の輪郭をぼかすことで、全体にやわらかな印象を生み出している。

紅梅は地にあらかじめ赤色系漆を塗っておき、卵殻を蒔きつけた後、さらに白色顔料を塗っている。赤色そのままではなく薄い白を浮かして、紅色が浮き出るように工夫されている。

卵殻の大きさ、卵殻片の間隔、重ねた色の色彩効果への細やかな配慮と技が一体となったこの作品は、卵殻の技法を深化させ表現へと高めた寺井の到達点を示している。

（北村仁美）

寺井直次
《金胎蒔絵水指　春》昭和51年

TERAI, Naoji
Water container, "Spring", *maki-e* on metal base
1976　h16.6　D18.8

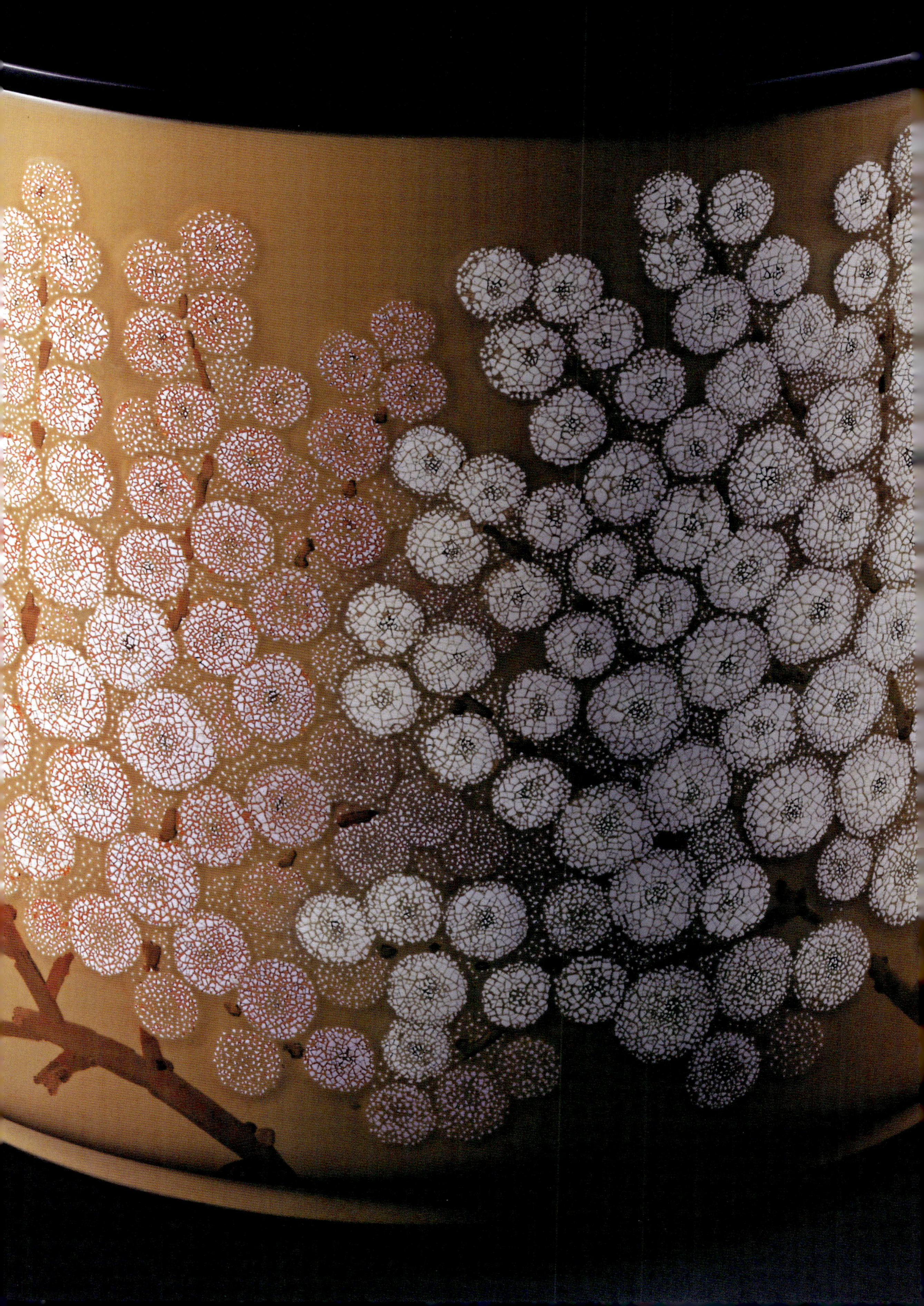

緻密な文様に極まる江戸の粋

小宮康助の江戸小紋［えどこもん］

縞や市松、あるいは小花や宝尽しなど江戸小紋の文様はさまざまあるが、なかでもこの鮫小紋《さめこもん》は、幾何学パターンの繰り返しとは思えぬほど動的で、華やぎさえ感じさせる。鮫小紋の特に細かく精緻なものを、極鮫《ごくさめ》と呼ぶ。

竹箆《たけべら》と、あらかじめ文様を打ち抜いた型紙を使って、布に糊《のり》を置く工程が形付《かたつけ》である。そうして防染した上から、染料を混ぜた色糊を布にのばして染めてゆくと、最終的には防染された部分が白い文様となって浮き出してくる。型をずらさぬように、また染め際がぼやけぬように、きっちりと糊を置いていくのが形付師の腕の見せどころである。

形付と染めは、古くは分業であった。一つの工房で連続して行われるようになったのは、化学染料の導入以後、明治時代に入ってからという。本作品の作者、小宮康助は、こうした工程の改革を、化学染料を用いた独自の染めの技法によって実践し、裃《かみしも》がルーツといわれる江戸小紋の伝統を近代へと橋渡しした人物。この極鮫は、自らの技術を拠りどころとしてひたすらに「現代」に挑んだ、小宮最晩年の到達点である。

（富田康子）

小宮康助
《清雅地江戸小紋着物　極鮫》昭和33年

KOMIYA, Kosuke
Kimono, *Edo komon*, stencil dyeing on crepe silk, small dots pattern
1958　156.0×124.0

図柄を引き立てる伝統の加飾法

内藤四郎の彫金「ちょうきん」

器側面の中央部にわずかにふくらみをもつほぼ楕円形の端整な小箱である。素材として金属（銀）を使っているが、金属の冷たさや重々しさとは無縁で、むしろ軽やかで眼に麗しい。器面全体に地模様として施された魚々子《ななこ》は、中国唐代の金銀器や正倉院の金工品の装飾にも使用されている技法であるが、作者の内藤四郎は、古くからの彫金の技術を現代の感覚で読みかえ、図柄を引き立てるよう効果的に用いている。

こうした読みかえはこの《銀流線文筥》の随所で見られる。金属に石を象嵌《ぞうがん》する加飾法を応用し、蓋表の星型には方解石の粉末を、側面の流線文の周囲には岩絵具を用い、銀器への象嵌に新機軸を求めている。また流線文は、蹴彫りで描かれている。そのため流線にそって小さな凹凸《おうとつ》がステッチのように続き、幾何学的な流線文のアクセントとなっている。

伝統的な技法、そしてしばしば模様にも古典を引用しながら、内藤はそれらを軽やかにひるがえし、自己のものとする。その作品は、日本伝統工芸展でも清新な印象をもって迎えられ、一九七八（昭和五十三）年には彫金の技法で、重要無形文化財保持者（人間国宝）に指定された。

（北村仁美）

内藤四郎
《銀流線文筥》昭和42年

NAITO, Shiro
Writing box in flowing-line design, silver
1967 h6.2 w12.0 d7.5

網膜を惑わす極彩表現

太田儔の籃胎蒟醤［らんたいきんま］

蒟醤とは漆塗の面を刀で線彫りし、そこに他の色の漆を充塡して模様を表す技法である。江戸時代末頃からの歴史を持ち、黒漆地に朱や金で模様を表すのが一般的で、主題も龍文や植物文など、極めて伝統性の強いものであった。

太田儔はその面目を一新した。それを説明するには、本当はもう一カット、五十倍くらいの顕微鏡写真があるといい。というのは、太田の蒟醤は全く発想が違っていて、網膜混合といわれる効果を狙って模様を作り出している。0・5ミリ間隔で縦横斜めの四種類の線彫りを無数に施す。その微細な一角を取り出してみると、四本の線で作られた正方形に対角線が二本、つまり六本の線が存在する。仮に六本の線それぞれに色を配置すると、最大三十通りの組合せが可能となる。また、たとえば赤と黄色の二色で構成したとすると、少し離れたところから見ると、その二色が網膜混合によって橙色に見えるのである。しかも色を混ぜて作った橙色よりも明度を損なわず、くっきりとした色感を呈する。

こうした新技法の開発によって、色彩豊かで鮮明な質感を持った新しい蒟醤表現が生み出された。0・5ミリ間隔から一辺が28センチの箱まで。言い換えると、眼に届くまでの五十数倍の巨大な間隔を通して、「素材＋技法」の妙技が確実に感動を伝えている。

ちなみに、籃胎とはボディーを竹編で作っているということである。

（金子賢治）

太田 儔
《籃胎蒟醤文箱　蝶》昭和61年

OTA, Hitoshi
Letter box, "Butterfly", *kimma* on *rantai*
1986　h6.5　w26.0　d28.0

自然を切り取り、周到に整える

黒田辰秋の螺鈿［らでん］

白、ピンク、青。そしてそれぞれの混色が、薄片内の層より滲《にじ》みだし、光を放つ。みる角度、光の当て方によって表情はゆらぎ、と同時に文様という理路に従った秩序を築く。蓋と身のラインが整然と列を成しているのにお気づきだろうか。数ミリ単位のかけらを如何にして貼りこんでいったか、その根気と時間を考えると言葉もでない。

螺鈿は磨いた貝殻を切って器物の表面に貼る加飾法で、その歴史は古く、正倉院宝物中にも優品が残されている。この作品の形態は中次《なかつぎ》として標準的、縞は、これもまた文様の基本である。それが異色とも斬新とも映るのは、おそらくは作者の自然を切り取るそのやり方にある。

糸のこで切り、叩き割った白貝は、自然の状態とはまったく異なった美に転化される。ひと片ずつ、確実に表面を覆い尽くしていくのだが、それによって軀体《くたい》の強度が増すわけでも環境への適応力が上がるわけでもない。ひたすらに視覚的快を志向する行為である。それが器、つまり手を伸ばしたその先への願いを機能に置換したかたちと一体となって、内包物への想いを露呈する。叙述でも描写でもなく、ただ工芸という言語によって。

周到に整えられた人工は、必然を経て、ふたたび自然を装う。だが自然そのものとすればやはりどこかひんやりとしていて、そのせいか、よく知った素材と形姿でありながら、目を凝らしてみなおしたくなる、そんな気にさせられる。

（今井陽子）

黒田辰秋
《螺鈿白蝶縞中次》昭和49年頃

KURODA, Tatsuaki
Tea caddy, stripe pattern, *raden* inlay
c.1974　h8.0　D7.3

一幅の絵を思わせる立体表現

前史雄の沈金［ちんきん］

沈金とは、乾燥後硬化した漆塗面に彫刻の刀やノミで文様を彫り、漆を摺り込んで金箔や金粉をうめるという、石川県輪島に伝統的な技法である。彫刻のさまざまな手法やタッチによって陰影や奥行き感、リズムなどが生み出され、漆黒《しっこく》の地に金というとても華やかな装飾となる。

前史雄の父大峰《たいほう》は、創意工夫した刀法と自在なタッチを駆使して表現の可能性を拡大し、沈金の芸術性を大いに高めた。それを継承した史雄ともども、わが国の伝統漆芸の発展を担う人間国宝である。この色紙の箱では、竹林に雀というありがちな主題であるが、きわめて写実的な文様表現に十分な非凡さをうかがわせている。漆工のベージュがかった「白」の地の表面一面に自ら創案した角ノミで素彫りされた竹林は、細緻な刀の彫刻とぼかし風のラフな点彫りとにより、水墨画風のタッチで表されている。朝霧のかかった竹林がにわかに風に揺らぎ、驚いたのか十羽の雀がその樹上を右から左へと飛び行こうとしている。カーボンブラックによる嘴《くちばし》と羽根の黒線、紅柄《べんがら》と沈金とで表された姿体の雀たちが鳴き交わす声が聞こえてきそうである。

彫刻の技法や主題の細部に目はつい向いてしまうが、この作品の本質は工芸品の立体性を巧妙にいかしつつ絵画性こそを訴えた、いうなら作者の心象がたっぷりと叙情的に表された一幅の絵ということであろう。

（諸山正則）

前 史雄
《沈金箱 朝霧》平成10年

MAE, Fumio
Writing-paper box, "Morning Mist", *chinkin*
1998　h6.0　w28.0　d31.0

ガラスの斑紋が醸し出す浮遊感

岩田藤七の宙吹きガラス［ちゅうぶきがらす］

岩田藤七は、近代日本のガラス工芸の分野において、パイオニアとしての役割を果たしたガラス作家である。色ガラスを用いた宙吹きガラスによる、色鮮やかなガラス作品を制作して展覧会などで発表し、ガラスの工芸素材としての可能性を拡げていった。

岩田藤七はガラスによる茶道具の制作にも積極的に取り組んだ。藤七がそこに表現しようとしたのは「つや」であった。茶の湯といえば「わび」「さび」ということになるが、彼はガラスで茶道具を作ることによって、そこに女性の趣を表現したい、と考えていたのである。

この茶碗は、底から口縁にかけて、ゆるやかに広がる形をしており、淡い茶色の粒子の間に色あざやかな瑠璃色の斑紋が浮かんでいる。よく見ると斑紋は不規則で、さまざまな形や大きさに変化しながら配されており、ゆったりとした、うねるような動きや浮遊感を感じさせる作品となっている。

（木田拓也）

岩田藤七
《ガラス飛文平茶碗》昭和41年

IWATA, Toshichi
Shallow glass tea bowl, bead pattern
1966　h6.3　D18.2

絶妙の色彩で生み出す必然の調和《ハーモニー》

江崎一生の常滑焼［とこなめやき］

直径が60センチメートルを超える大皿である。砂まじりの山土を轆轤《ろくろ》成形し、白化粧と呼ばれる白土を部分的に流し掛け、その上から柄杓で水をまくように灰釉が掛けられている。それらはまるで雲間に遊ぶ鳥の姿を描き出し、一枚の絵を見ているかのようである。

大物挽きの轆轤師だった江崎一生は、中世の常滑焼に魅せられ、それを現代感覚を盛り込んだ新しいやきものにしようと取り組んだ最初の陶芸家である。当時の常滑は、土管と衛生陶器を生産する町として栄えていたが、その反面で、個人作家不在の地と呼ばれていた。そのなかで江崎は、山から土を採り、雑木を燃やして灰をつくり、山の斜面を利用して薪窯を築いた。そして試行錯誤の末にたどりついたのが、薪と重油を併用して使う独自の窯と、炭化焼成と呼ばれる燻《いぶ》し焼きの焼成法であった。

こうして、ボディである土と化粧土は淡い色調となり、一方で灰釉は鮮やかな緑色を得て、雄大という言葉がふさわしい大皿に、薄茶、白、緑の絶妙の色彩が加わった。職人として育んだ技術とあくなき探求は必然のハーモニーを生み出し、江崎独自の世界を築き上げたのである。（唐澤昌宏）

江崎一生
《灰釉鳥文大皿》昭和44年

ESAKI, Issei
Large dish, bird design, ash glaze
1969 h12.5 D62.0

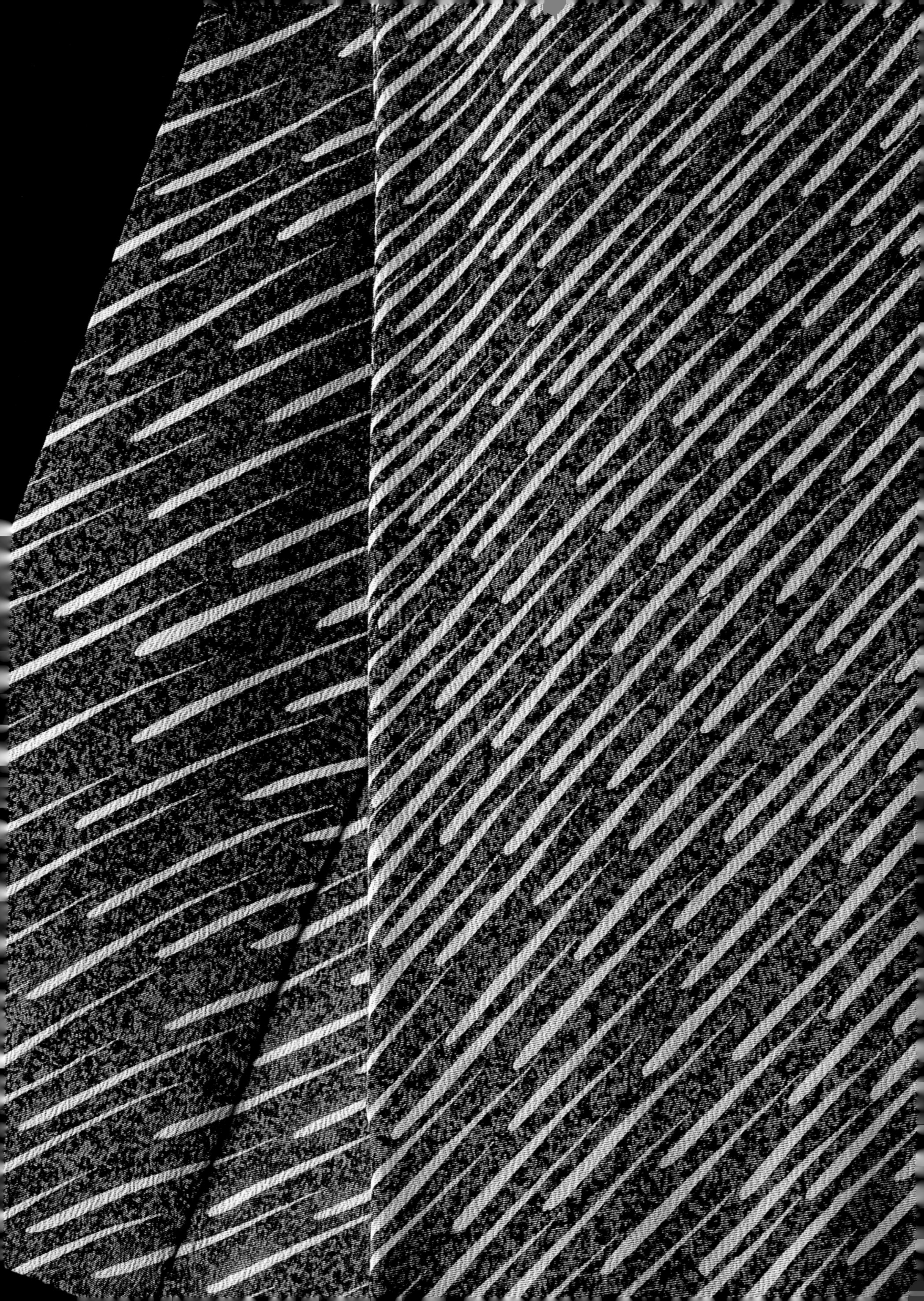

花の姿に重なりあう、走る点文

森口華弘の友禅［ゆうぜん］

右袖から左裾に向けて、菊花に見立てた点文が無数染めてある。どれだけの枚数であろうか。作者の思いは花びらの先端まで緩みなく、それが布帛全面に広がって、走る勢いをもたらしている。

忘れてならないのは、これが着物の意匠であるということ。表層に施された文様は、包み込む身体を意識して、ひとつひとつの大きさや間隔が決められたのだろう。立居振る舞いにあわせて揺らぎ、翻る生地の量、あるいは場所。顔の近くには小さな花弁が密に集まり、離れるほどに伸びやかさが増して、自然界にある花の姿と意匠としての秩序とがみごとに重なりあうのに気づく。合間を埋めるのは、淡藍を引き染めてから施された蒔糊《まきのり》のかけらの跡。乾燥させ、砕いて粒とした糯糊《もちのり》を、しっかりと固着させるためには生地に十分な水分を引いておくことが肝要、とはいえそれが過ぎれば糊の角が膨張して鋭さを逸してしまう。その後引かれる中鼠の染め色、裾一帯の金泥と、布一枚にたくまれた行為と思考の数々が、着物という伝統的な衣裳の形式を指して共鳴している。（今井陽子）

森口華弘
《訪問着 薫秋》昭和39年

MORIGUCHI, Kako
Kimono, "Crisp Autumn",
yuzen dyeing on crepe silk
1964　161.0×130.0

風雅を生む、巧妙な素材構成

竹内碧外の京指物［きょうさしもの］

木工芸では、素材の雅味や取り合わせの興趣から、間々、色味や木目、硬軟の異なる木材が一点に構成される。その異質さは巧技と絶妙なる感性を要求するが、何よりも作者の主題への深い思いと個性とがひときわとなる。竹内碧外は、代表作《行雲流水文硯筥》で黒柿と紅梅、朽木材を行雲と流水の文様で巧妙に接合して雅な気品をうかがわせた。

竹内碧外は、古来から伝わる特殊な唐木《からき》技法を主として、京指物の正統の伝統を継承した木工芸家であった。彼は、技能の高度さや木工への博識だけでなく、古美術や漢籍、文房四宝などへの高い教養を明らかにして、文人的な趣向と雅味豊かな作行を表した芸術家でもあった。

この文庫は、硬い黒柿材と柔らかい桐材とを指物の技で組立てた、二段の重ね箱である。黒炭を刷いたような黒柿材と、均質な木目が箔押しされた金により一層の光沢を得た桐材とが、異なる幅で重ねられて箱の側面をなし、蓋の天では透かし木象嵌の桐と黒柿とが斜に構成されている。そのコントラストと異質さの構成には、透かしと線彫りとによる秋草の表現とともに、絶妙な風雅さが満ちている。なお箱の内部には、さまざまな古い墨流《すみながし》懐紙や諸色料紙が同趣向の配妙で切り貼られている。

古今和歌集の一つから「むさしの」の題材をとったという。この琳派調で十分に風雅な制作ながら、なおも作者の構想として、蓋表の黒柿面にも主題に沿った図案を施そうと努めていたという。如何様な詩情の演出であったのか。（諸山正則）

竹内碧外
《秋草重文庫 むさしの》昭和55年頃

TAKEUCHI, Hekigai
Box for letters, "*Musashino*"
c.1980　h20.6　w20.2　d30.2

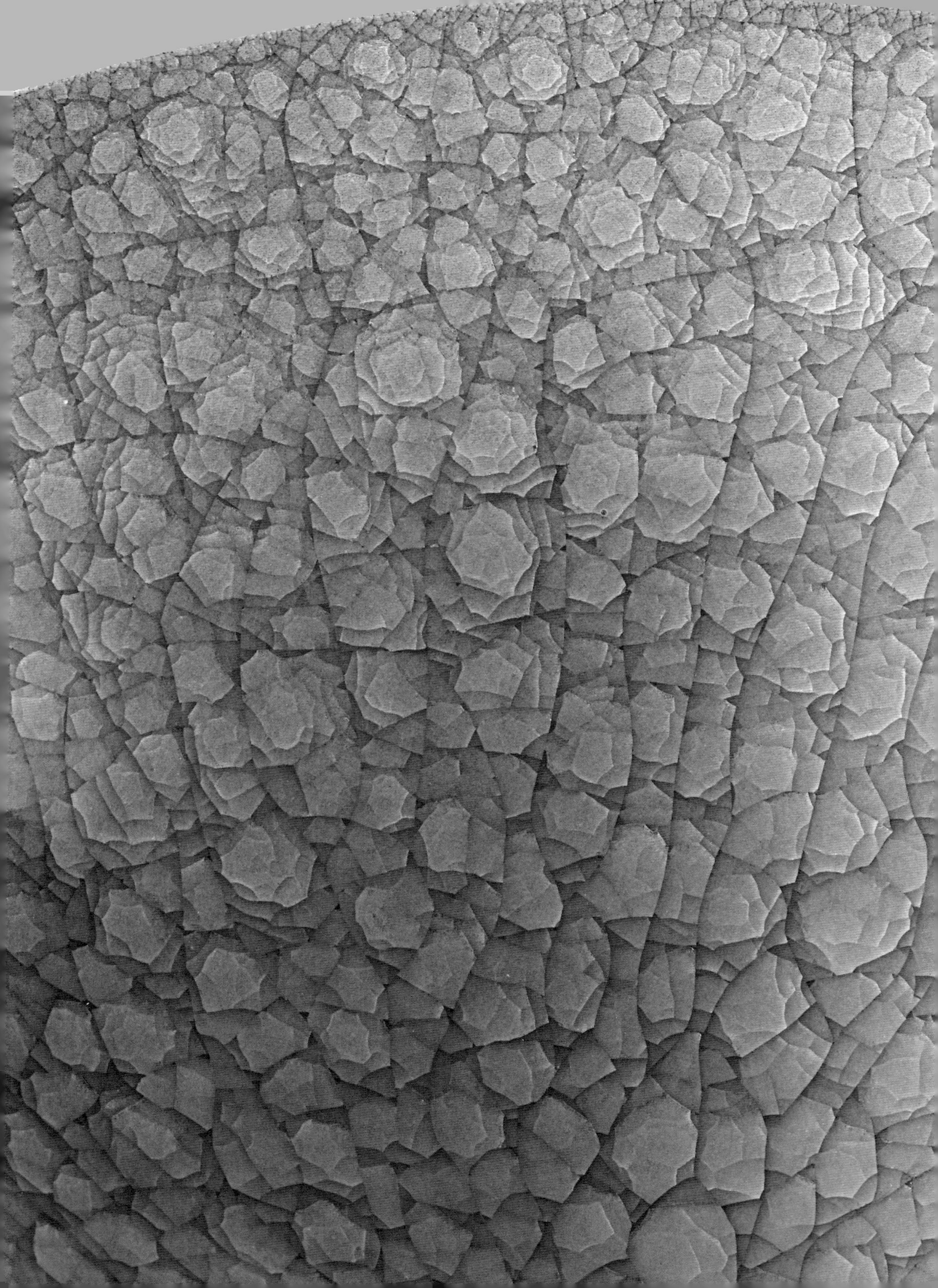

氷を思わせる結晶模様の正体

清水卯一の青磁［せいじ］

清水卯一は「鉄釉陶器」の人間国宝に認定された陶芸家である。若い頃、石黒宗麿《むねまろ》に師事して精神的に感化された清水は、中国宋代のやきものに深く傾倒し、青磁のほか、柿釉《かきゆう》や鉄耀《てつよう》など、鉄釉をつかったやきものの制作で高く評価された。

この《青磁大鉢》は、釉薬の色そのものも魅力的であるが、釉面に重層的に入った貫入《かんにゅう》が、まるで結晶を思わせるような複雑な様相を示しており、透明感のある青磁釉をより一層ひき立てている。

貫入はやきものの素地と釉薬の膨張率が違うために、焼成後の冷却段階で釉面に生じるひび割れのことだが、古くから陶磁器の鑑賞の上では重要な見どころとされてきた。この作品では、釉面に何千、何万という、数え切れないほどの貫入が折り重なって入っていったことによって、まるで氷のなかに亀裂が入ったかのような模様があらわれた。窯出し後一週間ほどの間、部屋の片隅で「チリチリ、チリチリ」と小さな音を立てながら貫入が入っていったという。

（木田拓也）

清水卯一
《青磁大鉢》昭和48年

SHIMIZU, Uichi
Large bowl, celadon
1973 h15.5 D42.0

工芸家の工芸研究――「伝統工芸」を確立した近代の工芸家

木田 拓也

古作に触発された作家たち

工芸の制作においては、技法と表現が表裏一体の関係にあるため、古作に見られる工芸技法の研究によって、その表現力はいっそう豊かなものとなる。こうしたことから、古来工芸家は「写し」の制作に取り組み、技を磨いてきたのだが、工芸が、絵画や彫刻と同じように、美術のひとつの分野として確立された近代においては、創作性や個性的表現が重視されるようになったため、過去の作品の模倣は、作家活動としての工芸制作に背反するものとして、否定的に捉えられるようになっていた。とはいうものの、近代の工芸家の多くは、古作に高い関心を抱き続けてきた。古作を研究し、そこに見られる技法の再生に取り組む姿勢は反近代的と捉えられなくもないが、父祖から受け継がれてきた製法をただ盲目的に墨守するのではなく、時間的な連続性を飛び越えて過去の作品に規範を求め、時には、もはや継承が途絶えてしまった様式や技法を再現しようとする制作態度は、近代の工芸家としての強い意志のあらわれといえよう。

陶磁史研究の草創

石黒宗麿《いしぐろむねまろ》が陶芸に取り組むようになったのは、一九一八（大正七）年に行われた売立てで《曜変天目《ようへんてんもく》茶碗（稲葉天目）》（静嘉堂文庫美術館蔵）を見たことがきっかけだった。曜変天目の美しさに魅了され、その技法の解明を思い立ったことがきっかけとなり、石黒は陶芸家としての道を歩み始めることになるのだが、石黒の例が示すように、大正時代には、古美術品の売立てが相次いで行われ、それまで大名家の蔵の奥深くに秘蔵されてきた歴史的な名品が市場で流通するようになっていた。江戸時代には栄華を誇った大名家といえども、明治維新を経て経済的基盤を失い、大正時代には、先祖伝来の古美術品を売却しなければならないような状況になっていたのだが、ちょうどその頃、益田鈍翁《ますだどんのう》に代表される近代の数寄者《すきしゃ》たちが、名家伝来の茶道具を競って買い集めていたため、古美術品の大移動が起こり、美術市場は活況を呈していた。

美術市場におけるこうした動きと平行して、一九一四（大正三）年には、わが国の古陶磁研究団体の草分けとして知られる陶磁器研究会（彩壺会）が活動をはじめている。その中心メンバーである大河内正敏や奥田誠一らは、箱書《はこがき》や由緒来歴にとらわれることなく、「科学的」に古陶磁の研究に取り組んでいこうとしたが、同会の活動を通じて陶磁史研究の基礎が確立されてくることになる。同会にはその設立当初から、美術史、建築史、考古学、美学、心理学、工学、物理学などさまざまな分野の研究者や、実業界で活躍するコレクターが参加していたが、陶芸家板谷《いたや》波山《はざん》もそのメンバーとして名を連ねている。波山は、日本の陶磁史研究のいわば最前線に立ち会っていた陶芸家ということになるのである。

大正時代に新しい趣味として確立されてきた古陶磁の収集と鑑賞が、昭和になると、さらなる広がりと深化を見せるようになる。昭和初期には、『陶磁』（一九二七年＝昭和二年）、『星岡』（一九三〇年）、『工芸』（一九三一年）、『茶わん』（一九三一年）、『やきもの趣味』（一九三五年）などといった古陶磁に関する雑誌があいついで創刊されている。これらの雑誌からは、研究者だけでなく、陶芸家や古美術商、実業家や文化人など幅広い領域の人たちが古陶磁に対して高い関心を抱いていた当時の様子が生き生きと伝わってくるが、そこには陶磁史研究という新しい学問領域の草創期に立ち会った人々の熱気が反映されているように思われる。歴史的な名品が市場で流通しはじめるとともに、窯址の発掘によって次々と新事実が明らかになっていった昭和初期とは、陶芸家にとっても、指針とすべき規範を、自らの見識で選択することができた恵まれた時代だったといえよう。

昭和の桃山復興

桃山復興とは、こうした時代状況のなかで発生した現象だった。一九三〇（昭和五）年、志野の陶片を発見した荒川豊蔵は、桃山志野の再生を自らの使命と受け止め、陶片を発見した窯址の遺構をもとにして桃山期の陶工が焼成に使っていた半地下式の穴窯を築くとともに、その周辺から採取される原料を使って試行錯誤を重ねながら往時の製法の復活に取り組んでいった。また、備前では、細工物とよばれる置物や香炉などの制作に腕をふるっていた金重陶陽が、桃山備前への回帰を提唱し、土の水簸《すいひ》をやめ、焼成に工夫を重ねて、備前本来の特色である土味《つちあじ》を生かした作品の制作へと転向していった。陶磁器が産業として人々の求めに応じて生産されてきたものである以上、時代の推移にともなって様式や製法が変化してきたのは不可避だったといえるが、古作に触発され、歴史の淘汰に抗うかのように、もはや継承が途絶えてしまっていた過去の製法を復活させようとする陶芸家が各地であいついで出現したのは、桃山陶芸に対する再評価もさることながら、製法の解明という取り組みが陶芸家による実証的な陶磁史研究という側面を備えていたことを示しているようにも思われる。

伝統文化の担い手として

工芸家の古作への関心は、単なる「手本探し」にとどまることなく、時には、本格的な歴史研究へと発展していった。例えば、香取秀真《かとりほつま》（一八七四—一九五四）は金工家としての制作活動のかたわら、金工史の研究にも意欲的に取り組み数多くの著書を著した人物でもあった。国宝保存法（一九二九年）が制定されると、香取は金工史の専門家として国宝保存会の委員に任命されるが、その翌年には、香取を中心として、金工史の歴史研究に根ざした制作活動を展開していこうとする金工家の研究グループ「七日会」が結成されている。工芸家が歴史研究を通じて意識することになったのは、歴史的な時間の流れのなかにおける現代という時代であり、東アジアにおける日本の位置だった。一九三〇年代、日本の周辺においては領土をめぐる国家間の緊張が高まりを見せ、国家主義的な思潮が台頭をみせるが、こうした状況のなかで工芸家は、「日本的なもの」を創り出すことを、時代が要請する課題として捉えるようになっていた。歴史研究は工芸家に、歴史的な流れのなかにおける自身の位置を顧み、その歴史や風土の特性を意識しながら制作活動を展開していくことを促したのである。

戦後、工芸家は、工芸技術の保護策としてはじまった無形文化財制度や日本伝統工芸展を支えとして、日本の伝統文化の担い手としての役割を担うようになった。「伝統工芸」というと、古くからの工芸技術が何百年にもわたって変わることなく、また、中断することもなく、世代を超えて連綿と現在にまで受け継がれてきたものというのが一般的な通念と思われるが、現在の「伝統工芸」には、時代の変化の中でいったん途絶えてしまった工芸技術を、近代になって復活させたものも数多く含まれている。例えば、有田の柿右衛門様式の特色となっている濁手《にごしで》と呼ばれる乳白色の素地の製法は、一七〇〇年代以来継承が途絶えていたのだが、戦後になって、十二代と十三代酒井田柿右衛門《さかいだかきえもん》（十二代：一八七八—一九六三、十三代：一九〇六—一九八二）が復活させたものである。「伝統」という旗印を掲げた工芸家は、歴史をさかのぼって手本とすべき規範を見出すとともに、それを正統の系譜として唱道する主導権を獲得したことになる。工芸家は、伝統の創出を通じて、歴史観の形成にも深く関与してきたのである。

素材を手の内に

撮影／斎城　卓

ガラス

藤田喬平

吹きガラスの動と静

工芸は他の芸術に比べて素材の占めるウェイトが大きいことは言うまでもないが、作家は自らの表現のためにそれを様々に取り入れ、解釈し、作品を構成していく。そこに、一人の作家の中で異質な素材による全く違う作品が生まれるし、逆に同じ素材を用いても、作家によって全く違う表情が出てくるのである。守るべき定式などはなく、作家の自由意志に任される。それが現代工芸の特徴であり、面白さでもある。

最初はガラス工芸である。作家は藤田喬平。この二つの作品は、一方が複雑な動きを見せる不定形な作品であり、もう一方が落ち着いた箱型であり、全く対照的である。どちらも吹きガラスで作られている。ただ後者が吹きは吹きでも、型吹きであることが異なる。つまり長方形をした金型にガラスを吹き込んで成形するのである。前者は「瀧の落ちる中に虹の彩が見える一瞬」を表したものだが、滝の水しぶきの激しい動きの一瞬を見事にとらえたものである。同じ吹きでも全く違った表情を表すことができるのである。

（金子賢治）

藤田喬平
《虹彩（こうさい）》昭和39年（左）
《飾筥 菖蒲》昭和48年（右）

FUJITA, Kyohei
Rainbow Colors 1964 h34.4 D38.0
Decorative casket, "Iris" 1973 h13.2 w24.4 d12.0

漆［うるし］

赤地友哉
角偉三郎

漆塗りの艶やかさと素朴さ

漆を塗るという行為は漆芸の根本であるが、器物を塗装するという以上に、そのなかに作家の創作や表現の意図が明らかになる。赤地友哉は、デザイン性に優れた曲輪造りの制作で「髹漆《きゅうしつ》」（漆塗り）の人間国宝となったが、基は江戸の漆塗りの系統である渡辺喜三郎《きさぶろう》流の優れた塗師《ぬし》であった。木型に和紙を貼り重ねて抜き取り、漆で固めたものを原形とする張り抜きによったこの八角中次は、軽くて丈夫なだけでなく、特有の薄手の素地とすることで上塗りの豊かな質感を表している。和紙の軟らかな肌と本朱に黒を混ぜて落ち着いた色調とした朱漆の風合いが実に艶やかで、官能的ですらある。

角偉三郎は、漆塗りの根本を探ることで漆器の本質を問い直し、漆をザッと一塗りして良しとした合鹿椀《ごうろくわん》に漆器の原型としての素朴でたくましい、新鮮な漆塗りの造形を見出した。漆の有機的な特性を注視しつつ艶やかな塗りの表現を多様に表したそれと同様にして、《溜漆椀》では、新奇にも、鉢の内外の面に漆塗りの後に点々と漆を流れ滴らせ、縮みを見せたりしている。金沢と輪島という同じ北陸出身の両者だが、漆塗りの素材表現ではきわ立っている。

（諸山正則）

赤地友哉《はりぬき朱八角中次》昭和53年（前）
AKAJI, Yusai
Octagonal tea caddy, cinnabar lacquer on *harinuki*
1978 h6.7 w5.9 d5.9

角 偉三郎《溜漆椀》平成4年（後）
KADO, Isaburo
Bowl, lacquered
1992 h11.6 D20.8

青白磁［せいはくじ］

塚本快示
加藤土師萌

青白磁の陰と陽

青白磁は、釉薬の中に含まれる微量の鉄分が還元焔《かんげんえん》焼成によって発色した、青味を帯びた透明釉が特徴で、その本歌は中国・宋時代に景徳鎮窯《けいとくちんよう》で焼造された。広義的には白磁に入り、釉下に彫られた文様に薄水色の釉が溜まり、とくに青く見えるところから影青《いんちん》とも呼ばれている。

塚本快示は、若いころ偶然に焼き上げた青白磁風のやきものに心惹かれて、素材の研究や技法の解明に取り組み、ついには本歌を凌ぐ薄肉彫りによって文様を施す青白磁作品をつくり上げた。独学で習得した彫りの技は神品とまで謳《うた》われ、フリーハンドで、まるで絵を描くように優雅で繊細な文様を描き出した。

一方の加藤土師萌は、技法の多彩さでは右に出る者がいないほど技に精通し、青白磁についても魅力ある作品を制作した。そもそも青白磁は、塚本の作品のように彫りを施し、印刻で文様を見せるものが一般的だが、加藤の《青白磁鳥獣浮文鉢》は、型に文様を彫り込み、胎土《たいど》を型に押しあてることで陽刻とし、文様を浮かび上がらせている。同じ青白磁でも、陰と陽を逆転させる発想は、さまざまな技を習得した加藤ならではといえるが、いずれの作品も、素材を熟知し、技の冴えがなければ生み出すことができないものである。

（唐澤昌宏）

塚本快示《青白磁彫花鉢》平成2年（前）
TSUKAMOTO, Kaiji
Bowl, engraved flower pattern, bluish white porcelain
1990　h10.0　D25.0

加藤土師萌《青白磁鳥獣浮文鉢》昭和36年（後）
KATO, Hajime
Bowl, moulded insect, bird and animal pattern, bluish white porcelain
1961　h8.8　D31.5

衣裳人形

［いしょうにんぎょう］

平田郷陽

"再現"を超える素材の一体化

実は、衣裳人形に決まった素材はない。但し、その衣裳は着脱せず、人形の姿態の一部として鑑賞される。それは、かつて宗教や遊戯の用具、つまりは一時の用途にのみ供されていた人形の最終形態のひとつであり、イメージに沿って選び取る素材には、長い歳月に築かれた人と人形との関係がエッセンスのように染み渡っている。

《洛北の秋》は平田郷陽戦前の代表作。大原女《おはらめ》がまとう紺絣《こんがすり》風の着物は、人間が着るのと同様に仕立ててある。それが口中に彫り込まれたお歯黒やガラスの眼の効果と協調してなんともいえない湿度感を漂わせ、凛とした美しさのなかにゾクッとする凄味をもたらしている。一方、戦後につくられた《長閑》の衣裳は木《き》目込《めこみ》による。小袖とボディはもはや分かちがたく、硬さと柔らかさ、そして聖俗もが絶妙のバランスで、一体の人形のうちに共存する。再現性に収まらない人形らしさが、胡粉塗の艶やかな腕から袂《たもと》の膨らみへと続く優美な曲線にも漲《みなぎ》って、郷陽の造形思考の高まりを伝えている。

（今井陽子）

平田郷陽
《長閑》昭和33年（前）
《洛北の秋》昭和12年（後）

HIRATA, Goyo
In Leisure 1958 h35.0
Autumn at Rakuhoku 1937 h66.0

金襴［きんらん］

喜多川平朗
北大路魯山人

崇高な世界へと誘う金の輝き

古来、人々は金の輝きに魅了され、さまざまな工芸品の装飾に取り入れてきた。

金糸を織り込んだ織物は、中国では宋代から作られていたが、日本では桃山時代から作られるようになり、金襴と呼ばれた。喜多川平朗は京都で室町時代から続く織物業「俵屋」に生まれ、唐織《からおり》による能装束などを手がけてきた。喜多川は正倉院に収められた裂《きれ》の復元にも取り組んでいるが、この作品も古い裂の模造である。下地には幾何学的な入子菱文がくまなく織り込まれ、それとは対照的に流麗な唐草文があらわされている。

やはり中国では明代に金彩を施したやきものが作り出され、金襴手と呼ばれた。なかでも萌葱《もえぎ》金襴手は、緑と金が相互に引き立てあって華麗な彩を示す。北大路魯山人はこれを、「たわわに実った稲穂が、風にスーッと吹かれて、ゴワーッと動いたときの色」と表現している。そして、萌葱金襴手による鳳凰《ほうおう》の姿をあらわした煎茶碗を手がけた。

唐草も鳳凰も現実には存在しない想像上のものである。金を用いてあらわされたその姿は、金の輝きとともに現世の憂いを忘れさせ、崇高な世界へといざなってくれる。

（木田拓也）

喜多川平朗《紫牡丹唐草文羅地金襴》昭和34年
KITAGAWA, Heiro
Rakin type silk, peony arabesque pattern
1959　w45.0　L640.0

北大路魯山人《萌葱金襴手鳳凰文煎茶碗》昭和14年頃
KITAOJI, Rosanjin
Tea cups, phoenix design, gold leaves on overglaze yellowish-green enamel
c.1939　each h5.5　D8.5

型絵染［かたえぞめ］

芹沢銈介
稲垣稔次郎

同じ技法にも際立つ個性

「型絵染」とは、型紙と刷毛《はけ》による色ざしを特色とする技法のことをいうが、とりわけこの名称は、一九五六（昭和三十一）年に芹沢銈介が重要無形文化財保持者として認定される際、文様の考案者、型彫り師、防染師が各工程を分業で担当するそれまでの伝統的型染（産業としての型染）と一線を画すため、はじめて使用されたものであった。模様の発案、型彫りから染めの作業にいたるまで、全工程を一貫して手がけることによって創造性豊かな型染を作り上げた点が評価されてのことであった。その後、一九六二年には稲垣稔次郎が、同じ「型絵染」で重要無形文化財保持者に認定された。同じ技法での認定であるが、二人の作家の作品を並べてみると、「型絵染」の理解が両者でいかに異なっているかが一目瞭然である。芹沢の型絵染には、柳宗悦《やなぎむねよし》を通して出会った琉球紅型《びんがた》がベースにあり、模様が力強く、使用される色も艶やかである。一方、稲垣は、色の濃淡、にじみを生かし、写生から練り上げ、洗練させた模様に自然の情感を吹き込んでいる。同じ技法を選択しても結果は必ずしも同じとは限らない。個性というフィルターはかくも偉大で不思議なものである。

（北村仁美）

芹沢銈介《縮緬地型絵染着物 紙漉村》昭和33年（右）
SERIZAWA, Keisuke
Kimono,"Paper Mills Village", stencil dyeing on crepe silk
1958　157.0×124.0

稲垣稔次郎《信州紬地型絵染着物 風》昭和28年（左）
INAGAKI, Toshijiro
Kimono, "Wind", stencil dyeing on *tsumugi* silk
1953　160.0×129.0

竹［たけ］

田辺一竹斎
三代田辺竹雲斎

素材の特質を造形に生かす

田辺一竹斎（二代竹雲斎）は、父の初代竹雲斎より、もっとも精細かつ高度な、雅趣豊かな近代の竹工芸を継承した作家である。高さが61センチになる《透し編瓢形花籃》は、竹編みの基本の一つである六つ目編みながら、極めて細く薄い竹ヒゴで瓢形に編み上げられている。追随する者のない実に巧妙な透し編みのわざであり、竹素材ならではの強靭さと柔軟さとに依りながら、その真骨頂は緊張感よりも清新で馥郁《ふくいく》とした豊かさにこそある。

一九九一（平成三）年に父一竹斎より襲名した三代竹雲斎は、伝世の編組よりも、弓の矢などに用いられるヤダケを駆使した直線的構成の制作を日展等に発表してきた。《方》は、直径8～10ミリほどの真っ直ぐな丸竹を正倉院の校倉《あぜくら》造りのように縦横交互に積み上げ、その隙間にも対面でV字形に組んでいる。よって上方から見込むと、矩形《くけい》のなかにピラミッドを逆さにしたように見えて、立体造形への思考を深めた特異な作品となっている。すなわち、竹素材の剛直な特質を際立たせ幾何的な構成とすることで現代的な表現感覚を現し、素材の新たな可能性を見出して注目を集めた。この作品にも花が演出されて一層の風趣を現したと聞く。

（諸山正則）

田辺一竹斎（二代竹雲斎）《透し編瓢形花籃》昭和14年頃（右）
TANABE, Icchikusai (Chikuunsai II)
Flower basket in the shape of gourd, *sukashi-ami* (weave)
c.1939 h61.0 D19.2

三代田辺竹雲斎《方》昭和49年（左）
TANABE, Chikuunsai III
Ho (square)
1974 h34.5 w41.0 d41.0

色絵磁器［いろえじき］
富本憲吉
藤本能道

表現の素材となった色絵

江戸時代に発達を遂げた色絵磁器。個人作家が自己を表現する素材となったのは、昭和に入ってからである。なかでも近代陶芸家の先駆けとなった富本憲吉は、いち早く表現の中心的な素材として色絵磁器を選んだ。《色絵金銀彩四弁花染付風景文字文壺》は、写生に基いて創作された金銀彩の四弁花《しべんか》と染付《そめつけ》の風景模様が白磁にくっきりと浮かび上がり、器形と模様の融合を唱えた富本の到達点を示している。

一方、東京美術学校で富本に学んで以来、生涯師事した藤本能道は、個性を重視した富本にならい、同じ色絵磁器であっても、全く異なる境地を拓いていく。《梅白釉釉描色絵金銀彩鷺図扁壺》は、色絵と釉下彩《ゆうかさい》を融合させた独自の手法が駆使されている。白鷺《しらさぎ》の上絵《うわえ》と背景の釉下彩は、それぞれの役割を誇示することなく、むしろ一体となって湿潤な水辺の風景を演出する。

伝統的な色絵磁器では、釉下彩である染付で模様の輪郭を施し、色絵はそこに色彩を加える。富本は色絵の伝統に則《のっと》りながら新しい表現を模索し、藤本は、その伝統を一歩進めた。色絵を生涯追求し、いずれも色絵磁器の人間国宝となった師弟による二つの壺には、近代工芸における色絵の発展の跡も見ることができる。

（三上美和）

富本憲吉《色絵金銀彩四弁花染付風景文字文壺》昭和32年（前）
TOMIMOTO, Kenkichi
Jar, landscapes and characters design, underglaze blue,
and four-petal flower pattern, overglaze enamels, gold and silver
1957　h22.8　D28.5

藤本能道《梅白釉釉描色絵金銀彩鷺図扁壺》平成4年（後）
FUJIMOTO, Yoshimichi
Vase, herons design, overglaze enamels, gold and silver on white grand
1992　h44.0　w43.0　d26.0

紬［つむぎ］

宗廣力三
志村ふくみ

（撮影／大堀一彦）

理性と感性が行き交う織

紬は真綿を手つむぎした糸を用いる絹織物で、繭《まゆ》から繊維を引き出す生糸《きいと》のものとはまた異なった、ふっくらとした風合いが魅力である。光沢や滑らかさは少ないが、素朴さのなかに、絹ならではの滋味がこもっている。それを一度開き、織の文脈に従って「今」を映しだしたふたりの作家の作品を、ここでは紹介しよう。

上および前頁右は、宗廣力三の作である。濃藍、水色、白の経糸《たていと》に、藍の濃淡で暈《ぼか》し染めた緯糸《よこいと》が行き交って、縞と格子と丸文とが、浮かび上がり、やがて消失する。各パターンの境界は、余韻を漂わせながら、それも理知の結晶。糸の細い太いを確実に捉えた組織の緊密さに支えられて、表面は徹底してフラットである。

一方の志村ふくみの着物では、震えるばかりの物質感が全面に漂っている。恐らくそれは、絹と植物染料と作者の感応であり、視覚と触覚、あるいは聴覚さえをも刺激する様態は、製織工程を経て、タイトルが示唆する時空間へとみる者を導く。（今井陽子）

宗廣力三《縞に丸文どぼんこ染淡鼠地絣着物》昭和59年（右）
MUNEHIRO, Rikizo
Kimono, stripe and circular patterns, *tsumugi* silk
1984　165.0×132.0

志村ふくみ《紬織着物 月待》昭和36年（左）
SHIMURA, Fukumi
Kimono, "Awaiting Moon", *tsumugi* silk
1961　160.0×126.0

青磁［せいじ］

板谷波山
三浦小平二

素材と技の吟味で新しい青磁を

青磁は、その成り立ちの歴史から、東洋陶磁の本流と言われているが、つくられた時代や地域によって、青色や緑色、黄褐色などを呈し、また素地には、磁土や陶土などが使われており、一言では語れないほどの特徴を持っている。

陶芸家として初めて文化勲章を受章した板谷波山は、その作陶活動の中で青磁にも強い関心を示し、古陶磁を拠り所としたさまざまな青磁作品を生み出した。《霙《みぞれ》青磁牡丹彫文花瓶》は、名称にもあるように独特の釉調に加え、得意とした薄肉彫りの技術が生かされており、波山にしか生み出せない独自の青磁となっている。

一方の三浦小平二は、「青磁」の分野で初めて人間国宝に認定された陶芸家として知られるが、活動の初期には、黄瀬戸や織部、灰釉《はいゆう》、辰砂《しんしゃ》など、幅広く技法を手掛けた。一九六〇年代中頃から本格的に青磁に取り組むようになった三浦は、出身地である佐渡の朱泥土（陶土）を胎土に用いることで、その作風が飛躍した。土の可塑性を生かして、摘《つま》みや縁などに遊び心や装飾性をプラスし、単に茶褐色の胎土と釉薬の組み合わせに終わることのない新たな世界を築き上げたのである。いずれも造形性の豊かな青磁作品であるが、素材と技法の選択により、全く別の趣と世界観を創出している。

（唐澤昌宏）

板谷波山《霙青磁牡丹彫文花瓶》大正14年（後）
ITAYA, Hazan
Vase, incised peony design, celadon
1925 h29.5 D22.1

三浦小平二《青磁蓋物 馬頭琴（ダッツァンにて）》平成17年（前）
MIURA, Koheiji
Convered jar, "Morin Khuur (in Datsan)", celadon
2005 h19.0 D26.0

螺鈿［らでん］

黒田辰秋
佐々木英

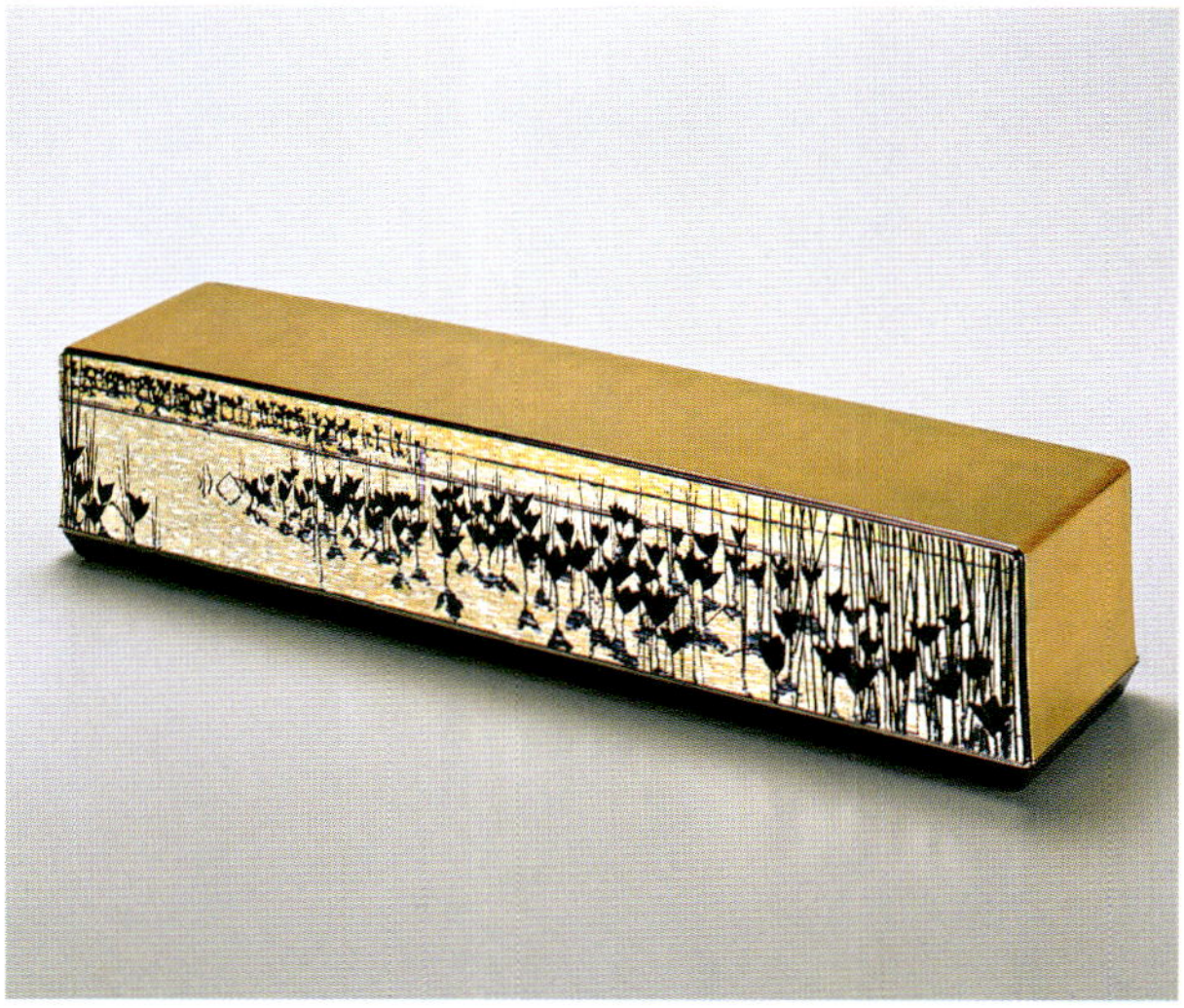

（撮影／大堀一彦）

貝殻の輝きが表情を生む

夜光貝や鮑《あわび》貝や蝶貝など、その内側が美しい光沢を放つ貝殻の真珠質の部分は、古くから漆芸品や木工品の装飾素材として使われてきた。貝の内側の表面を薄い板状に加工した上で、漆地や木地の表面に嵌《は》め込んだり貼り付けたりして加飾する技法を螺鈿と呼んでいる。貝の真珠層の部分には光沢がある上、角度や光線によって微妙な変化を見せるため、作品にはいきいきとした表情がうまれる。

黒田辰秋の香合では、蓋に螺鈿で「亥」の字を表し、周囲と側面を不定形な四角や三角の螺鈿が埋めている。貝と貝の間に顔をのぞかせる朱色が、その白い輝きを一層ひきたてている。黒田の香合では、螺鈿が無造作に配置されているのとは対照的に、佐々木英の《尾瀬の朝》では、細かく刻んだ螺鈿が側面全体を緻密に覆い尽している。夜光貝、蝶貝、鮑貝など種類の異なる貝を使用し、しかもその下地を金箔や銀箔で裏打ちしているため、湿原の水面がきらきらと光る風景を表現することに成功している。

（木田拓也）

黒田辰秋《螺鈿亥字香盒》昭和10年（前）
KURODA, Tatsuaki
Incense case, *raden* inlay, " / (character for boar)"
1935　h3.0　D5.8

佐々木 英《蒔絵彩切貝短冊箱 尾瀬の朝》昭和57年（後）
SASAKI, Ei
Box for *tanzaku* (calligraphy paper), "Morning in Oze",
maki-e, colored shell inlay
1982　h9.0　w10.0　d44.0

陶磁［とうじ］

富本憲吉

素材への飽くなき探究心

本章の掉尾を飾る富本は、近代陶芸家のみならず近代工芸家の草分けとして知られている。常に自己表現に最も相応しい素材を求め、それに適《かな》ったスタイルを選び洗練させていき、その評価は益々高まっている。

《土焼刷毛目壺》は、後の華麗な色絵磁器とは違って一見地味な作風である。しかし、腰の張り出した独特のラインは、勢いのある刷毛目と響き合い、素朴で力強い印象を与えている。富本はこの頃、バーナード・リーチを通じて柳宗悦ら白樺のメンバーと親しく交際しており、柳の提唱した民芸の美に共感を覚えていたことをうかがわせる。

一方、果実を思わせるふっくらと優雅なラインのポット、砂糖壺、ミルク入れという《白磁珈琲器》は、洋風のライフスタイルを実践していた富本らしいモダンな作品である。

昭和十年代、こうした白磁で高い評価を得た富本は、その後九谷《くたに》の色絵磁器を研究し、独特の色絵作品を制作していくのであるが、《土焼刷毛目壺》のような素朴な作風への愛着も生涯持ち続けていた。ここに挙げた二つの作品は、土着性とモダンさという二つの異なる美意識の間を揺れ動きながらも、個性的な作品を作り続けた富本の制作の軌跡を鮮やかに浮かび上がらせている。

（三上美和）

富本憲吉
《白磁珈琲器 ポット・ミルク入れ・砂糖壺》昭和8年（前）
《土焼刷毛目壺》大正15年（後）

TOMIMOTO, Kenkichi
Coffee pot, milk pitcher and sugar-basin, white porcelain
1933 coffee pot: h21.5 D23.5;
sugar-basin: h12.5 D11.5; milk pitcher: h11.7 D12.5
Vase, brush pattern 1926 h21.3 D26.3

工芸技法の伝承と教育——その現状と工芸界の取り組み

唐澤 昌宏

日本の工芸は、長きに渡り産業の中で発展し、「職人」と呼ばれるつくり手が、さまざまな素材を用いて、優れた「製品」を世に送り出してきた。その中から、個人の美意識を打ち出す「作家」と呼ばれるつくり手が輩出され、作家は個性を、あるいはオリジナリティーを高らかに掲げて、製品ではなく「作品」をつくり出すようになった。ゆえに、産業という一つの大きな流れの中でつくられた産業の工芸＝「製品」と、個性を強く打ち出した作家による表現の工芸＝「作品」は、紙一重といえるだろう。なぜなら、同じ素材や技法を用いつつも、産業という流れから、まるで枝分かれするように作家が輩出されてきたからである。要するに、素材や技法などの基本は同じでありながらも、つくり手の意識や目指す先の違いによって生み出される「モノ」が違ってくるということである。

言葉を換えれば、いにしえよりの確固とした技を受け継ぎつつ、作家は、その技法を用いて独自性を打ち出す作品を生み出し、新たに伝統を築き上げて行かなければならないということである。

技の伝承

表現の工芸を志す場合でも、つくりたいイメージを形にするには、当然のことながら素材を扱う技術が必要となる。とくに工芸は、素材と真っ正面から向き合うことが多いため、素材に根ざした高度な技術が要求される。たとえ、どんなに素晴らしい作品を考えたとしても、その技術を持っていないとイメージを具現化することはできない。また、体得した技術は作品の質とも密接に繋がり、技術の高さはそれに比例するかのように作品の質にも大きく作用することとなる。

例えば、漆芸作品は塗りや加飾において、とくに熟練した技術が要求される。しかし多くの場合、作品を制作する作家にとってはそれが前提となり、形やそれを纏《まと》う文様に、どれだけ独自の上積みができるかで、作品に対する想いの強さを見せると同時に、そのことは直接的に作品の善し悪しにもつながってくる。漆器だからといって、古くからの習慣や形式を踏襲することは、そのまま作品に対する意識の低さに置き換えられてしまうだろう。

そこで作家志望者の多くは、まず、基礎的な技術や技法を学ぶために、大学や専門学校、訓練校や研究所（研修所）に通い、その道のプロに教えを受けながら、少しずつ技を習得していくことが必要となる。ところが、このような学舎は、表現としての工芸制作が盛んになるころからの設立が多く、それまでは、師と弟子という関係の中で技が教え伝えられてきた。この師弟の関係、いわゆる徒弟制度は、もともとは表現の工芸の源流である産業の工芸の中の、職人を育成する場で培われてきたもので、手取り足取りで教え伝えるというよりは、弟子は師の動作を見て、作業しながら身体全体で覚えていくという方法である。そうやって師の技を少しずつ受け継ぎ、受け継いだ者はさらに次の世代に受け継いで行くというもので、いわゆる技の伝承である。日本における表現の工芸が高度な技を保持し続けることができた要因の一つには、産業と密接に結び付いて受け継がれた、このような技の伝承によって支えられてきたと言っても過言ではない。

しかしながら、このような職人的な徒弟制度による技の伝承は、現代では歴史ある産地においてもかなり低いパーセンテージであり、限られた職種や技術でしか行われていないのが現状である。それに代わる場として現代では、大学が大きな役割を担っているが、実際にはもっと専門的に、より深く技の習得をおこなえる場が重要となってくる。

若者を受け入れる学舎、作家たち

漆芸の世界では、蒔絵や沈金で知られる輪島には石川県立輪島漆芸技術研修所が、蒟醤《きんま》や彫漆《ちょうしつ》で知られる高松には香川県漆芸研究所があるが、これらの学舎は、大学を卒業した若者が、さらに専門的な技術を習得しようと入所してくる場である。それでも卒業生が独り立ちするには業界の後押しが大切で、卒業後の数年間はさらに技術を磨くことが重要になるという。ところが、さまざまな要因から業界が弟子を取らなくなってきているため、卒業生の受け入れ先が少なくなり、せっかく学んだ技術をさらに高めていくことが困難になっているのが現状である。これらの学舎では、重要無形文化財保持者の技術の伝承者養成と、地域の伝統的な漆芸技術の保存と後継者の育成等を、実習や研究をとおしてお

香川県漆芸研究所・実習風景

こない、次の世代に技を受け継いでいる。しかしその継承の道が途絶えると、基礎的なことは学べても、それを生かした実践的な技術そのものは途絶えることになってしまう恐れがあるという。こういった現状に危機感を覚えた作家の一人、輪島出身で重要無形文化財「髹漆《きゅうしつ》」の保持者である小森邦衞《こもりくにえ》は、自身の工房で弟子を受け入れ、後進の指導にもあたっている。また同じく「蒔絵」の保持者である室瀬和美《むろせかずみ》は、東京という地の利を生かして個人で研究所を設立し、その中で若手を指導しつつ、さらには古作や先達の作品の修復にも触れさせて、技の伝承と研究に力を入れている。

このようなことは漆芸に限らず、他の分野でも積極的におこなわれており、染織では「羅《ら》」と「経錦《たてにしき》」の保持者である北村武資が、自身が復元に成功した技術を後進に伝えるべく、実践をとおした技の継承をおこなっている。とくに北村の場合は、京都という土地柄を生かして、産業で培った技術や知識を最大限に利用し、難しいとされる織りを基礎的な技術を体得すれば比較的容易に習得できるような工夫をもおこなっているのである。

また、陶芸でも若者を受け入れ、個人作家としての育成をおこなっている作家もいる。中でも備前焼で知られる岡山県の備前は、窯業地の中でもいまも若者を受け入れている場所である。「備前焼」の保持者である伊勢﨑淳《いせざきじゅん》もそういった一人であり、作家を目指す若者は、師の工房に通いながら、師の作品の制作を手伝いながら教えを受けているのである。その昔は、親や兄弟がその仕事に従事していれば自然の成り行きで同じ仕事につくことも多々あったであろうが、現代では、家業と関係なく、作家志願としての弟子入りを希望している若者が大半である。

実践的指導と技の公開

そもそも重要無形文化財の制度は、とくに重要とされる技を国が指定し、その無形の技を高度に体得している個人や団体を保持者として認定する制度であり、認定された保持者はその技を次の世代に伝える義務がある。かつては、その役割を業界が担い、そこから優れた職人や作家を育て上げ、次世代に技を受け継いでいたが、現代では、このように日本を代表する作家らが後継者の育成を積極的におこなうことが重要になっているのである。その継承の道が途絶えると、今度は技術そのものが途絶えることになってしまう恐れが出てくるからである。しかしながら、義務で技を教え伝えることは形式的なものだけで終わり、受け手にとっても教科書や文献をあたるだけのようなものにもなりかねない。工芸の場合、やはり実務を間近で見せ、その中から実践を踏まえた指導が不可欠であり、その積み重ねが技だけではない、それにプラスするさまざまなものが次の世代へと受け継がれていくように思われるのである。

ところで、工芸分野の保持者が多く活動する日本工芸会では、毎年のように、国庫補助による重要無形文化財伝承者育成事業がおこなわれている。この事業では、複数年度にわたり指定された技術を体得している保持者が講師となり、実技をとおして技を伝えるための研修会が開催される。技を広く公開し伝承することが大きな目的となっているが、研修会に参加した作家の中からは、技と素材に興味を抱き、その後、自身の技に生かして大きく飛躍する者も出てきているのである。

相承の系譜

撮影／斎城　卓

富本憲吉と藤本能道

師資相承《ししそうしょう》という言葉がある。師匠からうけつぐことという意味で、もともと仏教的な環境でよく用いられてきたが、芸術の世界でも有効である。師匠の養分がいかに弟子に流れているか。それを工芸館の所蔵品で見てみようというのが本章の目的である。

初めは富本憲吉と藤本能道である。この二人、特に藤本の場合はかなり複雑である。表向きに師に強く反発しつつ根底では深くつながっているからである。師も自分に反発するものを建前は別にして大筋で容認している。富本が東京美術学校時代の弟子であった藤本を京都芸大の自分の研究室の助手に招いたのは一九四四（昭和十九）年のことだが、当初藤本は師とは全く違うオブジェ制作に邁進し、周りの学生などに強い刺激を与えた。しかし一九六二（昭和三十七）年東京藝大に転出すると同時に作風を一変し、結局師と同じ色絵磁器の作家になるのである。いかに師の養分が偉大であったか、思い知ったことであろう。その藤本はオブジェからすぐに色絵磁器の世界に行ったのではなく、その前に色絵陶器の制作を何年か行っている。名品も多い。図は富本得意の羊歯文《しだもん》の壺と、藤本の色絵陶器の皿である。色絵磁器ではない色絵陶器の模様を見ていると、格調高い富本の古典的な模様に対して、藤本のそれはなかなかモダンである。

（金子賢治）

富本憲吉《色絵金銀彩羊歯文飾壺》昭和33年（前）
TOMIMOTO, Kenkichi
Ornamental Jar, fern pattern, overglaze enamels, gold and silver
1958 h16.1 D15.8

藤本能道《鉄釉黒彩大皿》昭和39年（後）
FUJIMOTO, Yoshimichi
Large dish, design of black trail on iron glaze
1964 h8.2 D43.5

田村耕一と松井康成

鉄釉の地に鉄彩の絵付けで渋みのある重厚な色彩構成をなす田村耕一の壺。一方対照的に、紅色が鮮やかな松井康成による壺。技法でいえば田村は鉄絵で、松井は練上《ねりあげ》で人間国宝となっている。作風においては重なるところがない二人だが、松井にとって田村との出会いは、その後の制作の行方を決定づける重要なものであった。

二人が面識を持つようになったのは、松井が中国、朝鮮、日本と一通り技法を試していた一九六八（昭和四十三）年頃であった。東京国立博物館で各地の古陶磁を独学で研究していた松井は、いろいろな技法のものを焼いていたが、それらのなかでも田村はとくに、松井の練上の技法による作品に注目し、練上に制作をしぼったらどうかと提案したのだった。

当時、田村は郷里である栃木県佐野市に築窯しており、松井が窯を持つ笠間から近いこともあり互いの窯を行き来し、制作をするようになる。松井はできあがった作品をたびたび見てもらうようになった。この出会いが一つの機縁となり、その後まもなく松井は練上の技法の追求へと邁進するようになるのである。

（北村仁美）

田村耕一《鉄釉鉄彩壺》昭和46年（前）
TAMURA, Koichi
Pot, iron decoration on iron glaze
1971　h25.2　D20.5

松井康成《練上嘯裂文茜手大壺》昭和56年（後）
MATSUI, Kosei
Large jar, red-and-white layer pattern, *neriage*
1981　h35.0　D37.5

赤地友哉と増村益城

漆芸家の赤地友哉と増村益城の両者に親しくした人たちでさえ、果たして即座に、このわずか四歳しか違わない二人が師弟の関係であったことを了解するかどうか。昭和三十年代以降、伝統工芸の新たな時代の旗手として、漆芸の根本ともいうべき漆塗りと各々が創りあげた造形世界とに明快な現代感覚を大いに発揮し、共に人間国宝となった二人である。

赤地友哉は、二代目渡辺喜三郎に師事して江戸の漆塗りを厳しく修業した。初代喜三郎は、大茶人の益田鈍翁《どんのう》や高橋箒庵《そうあん》らの指導をうけ、多くの茶器や懐石道具を手がけた塗師《ぬし》であった。その本領は、木地の下地づけから上塗りまでがすべてに徹底して薄く仕上げられ、手取りの良さと、刷毛による塗り立てが潤いのある光沢と魅力的な肌合いを表す。赤地は、こうした堅実な塗りを基調に独創の曲輪《まげわ》造りなどにより、よくした茶道具や抑制された造形表現の制作に簡潔で新鮮な意匠を獲得した。

増村益城は、赤地のもとで喜三郎系の塗りを五年間に及び修業した。乾漆《かんしつ》技法特有の曲面や線を際立たせ、塗り面を磨き光沢のある仕上がりを得た増村の先鋭的な造形は、徹底的に下地を研ぎつけて形をきめ、漆を薄く塗り仕上げていくことによってこそ可能となっている。赤地と増村とは技法・表現だけでなく造形思考においてまさに対照をなしながら、伝統的な喜三郎系の塗りが二人を結び付けている。

（諸山正則）

赤地友哉《曲輪造彩漆中次》昭和48年（前）
AKAJI, Yusai
Tea caddy, *magewa*, painted in colored lacquer
1973　h6.9　D7.5

増村益城《乾漆流水文盛器》昭和37年（後）
MASUMURA, Mashiki
Tray, water stream pattern, black and cinnabar lacquer, *kanshitsu*
1962　h4.5　w36.2　d36.2

芹沢銈介と柚木沙弥郎

「着物の背骨に一本直感的空間を作り出す造形力が通っていれば」（一九六九年）

柚木沙弥郎は一九四七（昭和二十二）年、二十五歳で大学の美学美術史を中退して芹沢銈介の門に入った。そこで学びながら、二十年後に到達したのが、この直感的空間論である。

模様の源泉は自然の写生である。しかしそれは自然そのままでも、それと全く縁のない幾何学図形になってしまってもならない。柚木はそれを「どちらの場合も模様は手一杯であるか、孤立無援であって、とても染と手を結べるものではない」と見事に評している。あくまで模様は素材・技術にかかわることから直感される形・色でなければならない。「技術が意匠を生み出す」とも言い換えている。

芹沢の源泉は沖縄の紅型《びんがた》である。しかしそれは紅型をそのまま踏襲することではなく、あくまで彼自身が近代的な個人作家として自立していくための拠り所であり、そこから型・布・染という素材・技術・そのプロセスに係わりつつ独自のスタイルを作り出していったのである。それが柚木の直感的空間論に、いわば進化したのである。

（金子賢治）

芹沢銈介《手織木綿地型絵染着物　壺屋》昭和35年（左）
SERIZAWA, Keisuke
Kimono, "Tsuboya Potter Village", stencil dyeing on cotton
1960　143.0×122.0

柚木沙弥郎《型染紬地四彩縞文壁掛布》昭和57年（右）
YUNOKI, Samiro
Wall-hanging, striped pattern, stencil dyeing
1982　256.0×139.0

小山冨士夫と塚本快示

種子島焼《たねがしまやき》の壺と、青白磁の鉢——作風の上では、まったく異質な二つの作品だが、種子島焼は小山冨士夫、青白磁は塚本快示の作品である。

塚本快示が小山冨士夫と師弟関係にあったというと、意外な感じを受ける方もいるかもしれない。というのも、小山冨士夫は作陶も行っていたのであるが、陶芸家としてよりもむしろ、陶磁器の研究者としての方が有名だからである。

塚本快示は戦時中、小山冨士夫が青白磁（影青《いんちん》）について書いた論文「影青襍記《いんちんしゅうき》」を読んで感銘を受け、青白磁の制作に取り組むようになった。その論文を発表した一九四一（昭和十六）年の四月に小山は、戦火の中国河北省で、それまで誰も発見していなかった、白磁で有名な定窯《ていよう》の古窯址を発見するという快挙を成し遂げている。

戦後一九四八年、鎌倉に住んでいた小山冨士夫を塚本快示が訪ね、古陶磁の研究者と陶芸家との師弟的な交友が始まる。小山四十八歳、塚本三十六歳。

小山は塚本の仕事場を訪ね、参考のためにと、北宋の青白磁や定窯の白磁の陶片などを置いていったりしたそうである。そして小山は、「塚本さんが最も得意とするのは青白磁と白磁だが、青白磁を塚本さんぐらい鮮やかにつくる人は世界にいない」と、塚本快示の青白磁をきわめて高く評価していた。（木田拓也）

小山冨士夫《種子島下蕪壺》昭和48年頃（前）
KOYAMA, Fujio
Vase, Tanegashima ware
c.1973 h23.0 D19.5

塚本快示《青白磁彫花鉢》平成2年（後）
TSUKAMOTO, Kaiji
Bowl, engraved flower pattern, bluish white porcelain
1990 h10.0 D25.0

中村勝馬と山田貢

友禅は、自由な構成が大きな持ち味である。その魅力は、しばしば絵画的とも評されるが、それが意匠である一点において絵画との境界がみられる。つまり、十分に鑑賞の対象となる美しさを宿しながら、モチーフと素材、そして技法の三者が、渾然《こんぜん》となって文様という論理を築き上げることが肝要なのである。

中村勝馬は、友禅の伝統を近代的な視点で捉え直した作家のひとりである。友禅本来の意味を追究した後に、個人の創意を注ぐ対象としてそれを選びとったところに、意匠の新しさが生まれた。地染めの前に直接挿《さ》した青が黒地に映える《縢《かがり》》は中村の代表作。白線と金糸が併走する勢いに満ちた意匠は、手鞠《てまり》をかがる色糸に想を得たものだという。

十四歳から中村の下に弟子入りした山田貢の作風は、糊《のり》置きの技術により重点がおかれている。無数の糸目糊の集積が伝統的な網干《あぼし》の図柄に読みかえられ、海浜の情景を超えたリズミカルな形体に作者の関心が移行している。

日頃からスケッチや読書を奨励した中村の指導は、当時としてはめずらしく、そこには、後進の将来を慮《おもんぱか》る心が窺える。山田は友禅に対する中村の姿勢に傾倒して、約二十五年間をともに過した。もっとも尊敬する人物に挙げる名は、終生変わらず、師の中村勝馬であった。

（今井陽子）

中村勝馬《一越縮緬地友禅訪問着　縢》昭和36年（左）
NAKAMURA, Katsuma
KImono, "*Kagari* (thread-crossing)", *yuzen* dyeing on crepe silk
1961　159.0×126.0

山田貢《麻地友禅着物　朝凪》昭和53年（右）
YAMADA, Mitsugi
Kimono, "Morning Calm", *yuzen* dyeing on linen
1978　159.0×128.0

高村豊周と西大由

高村豊周と西大由の壺はよく似ているが、そこには決定的な違いがある。どちらも成形は金属を鎔かして型に流し込む「金属鋳造《ちゅうぞう》」で、仕上には素材のブロンズ（青銅）を化学反応させて焦げ茶色と赤褐色を引き出す「朱銅《しゅどう》」の技法が用いられている。ところが、両者をよく見くらべると、師の高村の壺は完全な幾何形態なのに、弟子の西の壺は柔らかく偏《かたよ》っているのだ。

これは、鋳物《いもの》の原型製作上の違いがもたらしたものである。高村は一本の軸を回転させながら溶かした蠟《ろう》を巻き付けて、円筒や円錐《えんすい》にまで膨らませているのにたいして、西の方は塑像《そぞう》のように粘土で肉付けしながら球体をつくりあげているからである。

高村の成型法は、大正時代に佐渡の蠟型鋳造から学んだものといわれている。回転体からつくられるその冷徹なフォルムが一九二〇年代に流行したのだが、西はその冷徹さに馴染めなかった。微妙な指の感触を活かそうとする西の成型法には、近代の機械文明への違和感が込められているのである。

（樋田豊郎）

高村豊周《朱銅花入 帯紋》昭和40年（前）
TAKAMURA, Toyochika
Vase with horizontal stripes, bronze
1965　h18.3　D25.5

西 大由《朱銅壺》昭和50年（後）
NISHI, Daiyu
Jar, bronze
1975　h30.3　D36.0

松田権六と田口善国

近代漆工芸を代表する作家、松田権六は器物の堅牢性に加え、そこに施される蒔絵《まきえ》の意匠を重視した。材料と技術を一体として生かすものが意匠の力であると考えていたためである。優れた意匠を一貫して生み出すために、毎日一つ以上の図案を考え描くことを自らに課し、実行した。晩年、この方法を「図案日誌」と称し広く推奨することになるが、それは作家、漆器産業人を問わず、各自が自力で創造的な意匠を生み出せるようになることを願ってのことであった。

意匠にかけたこうした松田の意思を受け止め、田口は自らの様式を模索し確立した。十六歳より松田に師事し、漆芸を志すことを決めた彼は、長ずるに及んで中尊寺金色堂をはじめ、数々の国宝の修理復元を松田の右腕となって成し遂げる。松田同様、古典蒔絵の豊富な知識を背景に現代の空気を作品に取り込み、創造することに心血を注いだ。

松田の《蒔絵鷺文飾箱》は、鷺がまさに飛びたたんとする様を卵殻と金平文《きんひょうもん》で表す。そして田口の《野原蒔絵小箱》は草むらに潜むバッタを高蒔絵《たかまきえ》で、草むらを青い貝の螺鈿《らでん》で表している。二つの個性が調和しながらも、自らを静かに主張している様を見ることができる。

（北村仁美）

松田権六《蒔絵鷺文飾箱》昭和36年（前）
MATSUDA, Gonroku
Ornamental box, heron design, *maki-e*
1961　h11.1　w27.3　d15.8

田口善国《野原蒔絵小箱》昭和43年（後）
TAGUCHI, Yoshikuni
Small box, grassland design, *maki-e*, *raden* inlay
1968　h14.0　w10.4　d23.7

平田郷陽と芹川英子

平田郷陽に「人形には他の芸術にない内容と感情がある」という言葉がある。先代、さらにその師・安本亀八の流れを受け、生人形《いきにんぎょう》の習練を積んだ郷陽の作風は、初期にはきわめて写実的であった。文展（現在の日展）への出品を契機にそれは少しずつ変転していくが、その道程に、郷陽が求め続けた人形の「内容と感情」の意味を探ることができる。細部を削《そ》ぎ落とし、すっきりとした輪郭が、人形に託されてきたさまざまな思いをその身に封じ込めている。《長閑》は郷陽の戦後を代表する一点。うつむいた顔の表情とわずかに捻《ひね》ったのびやかな姿態、そして木目込んだ衣裳模様にまでいたる造形と情趣の統一感がみごとな作品である。

芹川英子の作品には、師とはまた異なった物語性が強く表れている。《秋めく》の女性のさりげない仕草、大きく抜いた襟元を撫《な》でる風に、秋の気配を察して胸のあわせに手をやる様子はいかにも自然だ。芹川はつねに、木彫ならではの線的なシャープさと所作の柔らかさをぎりぎりのところまで追究し、それを制作のより所とする。裾のゆらぎ、背中から腰、そして足へと続く曲線が立ち上がりかかる動作を巧みに表している。

（今井陽子）

平田郷陽《長閑》昭和33年（左）
HIRATA, Goyo
In Leisure
1958 h35.0

芹川英子《秋めく》平成7年（右）
SERIKAWA, Eiko
Getting Autumnlike
1995 h35.0

稲垣稔次郎と伊砂利彦

「型」という語には、どこか、前近代的なにおいがある。「型にはまる」とか「型どおり」とか、現代的な価値観からすると、些《いささ》か否定的な意味合いを含むことが多い。本来的に「型」は、不要な事柄を削ぎ落として剝《む》きだしにされた必然の「かたち」を指す。問題はその用法で、本源との距離感を見誤るために、特徴や新鮮味に欠くものとなってしまうのだ。

稲垣稔次郎ははじめ、筒糊《つつのり》（筒描き糊染）で声価を得た。これは友禅の伝統的な技法で、精細で絵画的な効果をあげるのに適している。だが、自律性をもつ創作の対象として文様を捉える意識は、稲垣の関心を型へと向けた。稲垣は、ただひとつの典型のうちに対象の本質を抽出することを文様の本旨とし、そこに描写とは異なる美をあきらかにした。

写生から型を起こし、文様へと転位するプロセス—それは自然の移ろいがただ一枚の紙を介し、線と面という言語による作家の美意識に集約されていく行為にほかならない。稲垣はつねに現実感との関わりのなかで作風を展開していったが、伊砂利彦の制作には、文様づくりにおける抽象化への意識がより強く作用している。音楽という不可視のものの構造を型染めの技法と重ね合わせた連作は、伊砂の代表的な仕事。この新しいイメージは、滝の写生に没頭していたある日、気分転換に出かけたコンサート会場で瞬間的に開示したのだという。パターンの繰り返しがリズムを生成し、布帛全面に広がって妙なる旋律を奏でている。（今井陽子）

稲垣稔次郎《型絵染秋草文着物》昭和36年（左）
INAGAKI, Toshijiro
Kimono, autumn grass design, stencil dyeing on crepe silk
1961　152.0×130.0

伊砂利彦《ドビュッシー前奏曲集交代する三度のイメージより》
昭和60年（右）
ISA, Toshihiko
Impression of "Les tierces alternées" in Debussy's Préludes
1985　165.0×130.0

石黒宗麿と清水卯一

京都の陶芸家清水卯一は、師の石黒宗麿が逝って後の一九七〇（昭和四十五）年に、自然環境に優れた琵琶湖西岸の蓬莱山麓に工房を移し、以来悠然と精神の満ちた風で制作の日々を過ごしていた。美しい氷裂貫入が全面に入る青瓷《せいじ》や、窯変《ようへん》で油滴《ゆてき》のような銀色の斑紋が浮かぶ鉄耀などの制作の素材となった土や石をその近在で発見し、念願であった登り窯が焚《た》けなくなった京都市街地を離れ、ガス窯に加えて自らの登り窯をもった。釉や技法に卓越し雄渾な作風で戦後世代の伝統的な陶芸を担い、一九八五（昭和六十）年には、石黒に続き「鉄釉陶器」で人間国宝の認定を受けた。

石黒宗麿が住居と自らの窯をかまえた京都北郊の八瀬《やせ》は、雨後に水煙が立ち登る山あいに在って風光・風雅の地である。そこで自ら原料を調整し制作、登り窯を焚いていた。清水の蓬莱の風情と、自らの素材探求や個性的創作へと向かう作家姿勢はどこか師に従順であったように思う。

石黒が柿釉や天目《てんもく》、絵高麗《えごうらい》、赤絵《あかえ》等の中国の宋磁や日本の古唐《こがら》津《つ》といった技法を直観的に、独自に研究して一応の完成を見出した一九四〇（昭和十五）年頃、少年の清水は八瀬におよそ半年ほどの弟子入りをした。戦後、石黒と特に親しかった東洋陶磁研究家の小山冨士夫が、その縁を認めて、有望な清水を弟子に指名してしまったらしい。石黒は、絶妙のロクロ技を揮《ふる》い古典技法を範として独創の表現と端正で高雅な作風を獲得、一九五五（昭和三十）年に人間国宝の認定を受けるなど、伝統的な陶芸の発展に活躍した。その間、清水は、実際に石黒の制作に近しく接することもまた教導を受けることもあって、真に師弟の親密さを得たのであろう。

（諸山正則）

石黒宗麿《千点文茶碗》昭和15-20年頃（前）
ISHIGURO, Munemaro
Tea bowl, chatter marks
c.1940-45　h9.4　D11.0

清水卯一《柿地黒線文鉢》昭和37年（後）
SHIMIZU, Uichi
Bowl, linear pattern in reddish brown glaze over black glaze
1962　h20.3　D35.8

氷見晃堂と川北浩一

漆芸家で日本芸術院会員、人間国宝の松田権六は近代の日本工芸界のまさに重鎮であり、その制作と該博《がいはく》な知識に基づく薫陶《くんとう》で多くの有能な後継が育った。氷見晃堂は、金沢の同郷ではあったが、戦後早々の日展初入選で松田の知遇を得て、以来松田を師と仰いだ。加賀指物《かがさしもの》の伝統をベースに独学で自らの木工芸につとめてきた氷見であるが、「木工芸作品を作るには木画の勉強をしないと大成しない」という指摘は明快な指針となり、正倉院宝物などの古典研究はもとより幅広い見識を備えて気品ある独自の木工世界を獲得した。厳しい選定を経た素材の特質とその美、木画や金銀線象嵌といった加飾、そして理知的で合理的に再構成された指物の造形に傑出して、一九七〇(昭和四十五)年に木工芸で初の人間国宝となった。晩年には松田の推挙で正倉院宝物の調査研究にも当っているが、その成果を十分に待たずに逝《い》った氷見に対して松田は、「本当に惜しかった、惜しい人を喪ったもんです。立派な国宝を創れる人でした」と述懐した。

氷見晃堂は伝統的な木工芸界の指導者の任をつとめ、その熱心な指導は石川県山中《やまなか》の挽物《ひきもの》作家らにも厳しくそそがれた。川北浩一は伝統的な筋挽きなどに高い技量を発揮して木工芸作家を指向していたが、氷見の勧めを得て日本伝統工芸展に出品し高い評価を獲得、その率直な制作と清新な作風は挽物に新機軸をもたらした。川北は松田権六にも認められ、伝統工芸への薫陶を受けつつ椀などの木地を挽いた。ちなみに息子の川北良造は、父とともに松田権六の薫陶を受け、そして氷見に師事して作家としての創作性に関する指導を受けた。

(諸山正則)

氷見晃堂《唐松砂磨茶箱》昭和39年(前)
HIMI, Kodo
Box for tea utensils, sand-polished, Japanese larch
1964 h13.0 w14.5 d21.5

川北浩一《欅拭漆大円盆》昭和36年(後)
KAWAGITA, Koichi
Large round tray, clear lacquer on zelkova wood
1961 h6.5 D40.3

工芸家の交友と制作——友禅をめぐる二つの「個」

今井 陽子

師弟が追い求めた境地

一九二六（大正十五）年、山田貢は、名古屋松坂屋の加工部新図案役を務める叔父・後藤小七を介して、同店の友禅衣裳を担当していた中村勝馬の門下に入った。この年、山田は十四歳。それから一九五一（昭和二十六）年に自分の工房を開くまで、ちょうど四半世紀を中村の傍らで過ごした計算になる。

この長い歳月に築かれた両者の関係には、単なる技術の伝承に留まらない、独立した作家同士の強い共感がみいだされる。山田の遺品に、そのことを象徴する色紙がある。一九七七（昭和五十二）年、山田の《紬地友禅着物・夕凪《ゆうなぎ》》が、第二十四回日本伝統工芸展奨励賞を受賞した折に、中村自らが認《したた》め贈ったものだ。以来、そこに書かれた「友禅の跡を追ハず　その求めたる所を求む」の一文は、山田の座右の銘となった。それは、この言葉が、生涯変わらず尊敬していた中村の制作態度そのものであり、山田もまた、全力で追い続けていた境地であったからにほかならない。

制作者の自立を願って

ところで、中村勝馬が掲げ、山田貢も目指した友禅の「求めたる所」とは、どのような域を指すのだろうか。

友禅は糊置防染《のりおきぼうせん》を主な手段とする模様染で、着物の前身頃《まえみごろ》から後身頃《うしろみごろ》、あるいは衿《えり》から裾《すそ》へと、自由自在に絵柄を配することができる。直接顔料を挿す描絵《かきえ》に比べてずっと堅牢で、多色を施しながら刺繍のような厚みも出ない。つまり、どれだけ凝った模様を身にまとっても軽やかで、素材の豪華さ・重厚さで相手を圧倒するよりも、洒脱なセンスがものをいう。それは、友禅が発達した江戸の町方文化の精神が息づくスタイルである。

一方で、友禅は、そのはじまりから常に当世好みを色濃く映しだす、ファッションでもある。当然そこには社会・経済の事情が強く関与し、それに応じた分業的生産システムがあった。中村がこの世界に足を踏み入れたのは、一九一三（大正二）年の東京でのこと。その頃の東京は、京都ほど徹底した分業制をとっていたわけではなく、中には個人で一貫制作を行う者もいたようだ。そうはいっても、懸賞募集までかけて新しい衣裳デザインを求めていたその背景では、商業主義が優勢な時代である。悉皆屋《しっかいや》や呉服店、後には百貨店が絶対的な決定権を行使し、模様は背縫を中心に、ほぼ左右相称でよいとする風潮さえあったのだ。

中村が幸運だったのは、増山隆方に師事したことだ。当時、三越呉服店の専属図案家だった増山は、染織業界の慣習的制作システムに抗する姿勢をとっていた。その増山のもとで、中村は徒弟的な修業を免除、自由な図案制作を許されたのである。川端画学校で日本画と図案を学んだ経験があったとはいえ、それも短期間、こんな待遇はふつうない。並行して中村は、増山が直接指示するために集めた職人の技術を間近で習い覚えることになる。おそらく、このとき中村は、技術に加え、職人たちをめぐる社会的状況と、彼らの思想的傾向についても知る機会を得たのではないだろうか。どれだけ高度な技術を身につけようとも、それだけでは不十分。技術の前提にヴィジョンを抱くこと、そして、ヴィジョン実現のための方策を自家薬籠中のものとすること、この両輪が揃ってはじめて制作者としての自立が開かれる。やがてそれは中村の宿願となり、一九四〇（昭和十五）年の「奢侈品等製造販売制限規則（いわゆる七・七禁令）」施行後は、制作者の立場を守るために奔走した。そして、戦後、中村の意識と構想はより明確なかたちを成し、日本工人社、次いで、日本工芸会設立への動きと方向をひとつにする。

中村の理念は、自身の工房に勤める若手育成においても実践された。まず、読書は中村工房の必修課題だった。山田は、中村に同行して疎開先へ向かう列車のなかでさえ書籍を手放さず、その中には、柳宗悦の『工芸文化』や、前年に出たばかりの前田泰次著『日本の工芸』が含まれていた。後に山田と同じく門人となった友禅作家の塩澤輝彦も、読書の重要性を説かれたひとりだ。塩澤によれば、中村の蔵書の内容把握は厳命、必要に応じて適切な資料をさっと準備するくらいの読み込みが求められたらしい。また、写生や模写、さらには展覧会鑑賞を奨励され、「（展覧会の）感想や解釈の報告は義務で、その報告についても大変厳しい指導を受け」たと伝えている（『週刊人間国宝62［工芸技術　染織13］　山田栄一／中村勝馬、山田貢、田島比呂子』、二〇〇七年七月三十一日、朝日新聞社）。

本質を見据えた作家の目

こうした中村の指導は、「友禅」というものの在り方を思考するトレーニングであったのかもしれない。情報量の多さは柔軟な思考を導き、さらに批判力が、時代の趨勢に流されない本質を洗いだそうとする目を養う。前述のとおり、自由自在な絵模様は友禅の面白さ、そのうえ物語的絵画では不合理とみなされることさえ、模様の論理においては可能となる。だが、それには造形性の確立が不可欠だ。現実では起こり得ない事象が、模様を表す色彩、大きさ、筆致、布置、裂の地質との調和など、あらゆる条件が揃えば合目的とされる。思い描くイメージから逆算し、制作の実際に置換する過程に、どれだけの距離感と熱意とを保てるか。そのことが造形としての説得力を呼び起こし、作品にダイナミズムをもたらす。

71ページに掲載した《一越縮緬地友禅訪問着・縢《かがり》》は、まさに中村の制作信条を体現した一点である。艶《つや》やかな縮緬の地は黒一色。右肩から左裾、そしてそれと大胆に交差する線が走っている。その中で一段と力強い動きをみせているのが、青い帯状の流れである。そこには友禅特有の糸目糊の跡がない。これは「無線伏せ」という技法で、輪郭をとらずに地入れした白生地に筆や刷毛で直接色を挿すものだ。細く確かな糸目糊は、いわば職人の腕のみせどころであるから、無線伏せは、それができない技量の低さを露呈するものとされてきた。だが、中村は、白線の緩衝を、黒と青との対比を妨げる要素と考えたのである。一旦、提示されれば、過去に常識とされていたことを覆し、当たり前のように通してしまうのが造形の力だ。

他方、中村を指標とし、それゆえに独自の友禅を厳しく模索した山田の仕事はどのような展開を示しただろうか。《麻地友禅着物・朝凪《あさなぎ》》は、一見、静謐な印象をもたらす作品である。海浜の朝方、陸風から海風に変わる刹那、人影もない。朝日に浮かびあがる網干の線は、無数の糸目糊によるものだ。細く、淡々と引かれている。引くといってしまえば簡単に聞こえるが、糊置とは糊を入れた筒に力を加え、即座に次のポイントへと移る、その無段階にして際限のない行為の重なりである。それがばらばらに主張することなく、なお、それを引くという動詞にふさわしい勢いを内在させる線の生成が、ここでの山田の最大の関心である。風向きが変われば、網干の糸はまた、一斉に震えだすに違いない。ざわめきの予感が、白線にみなぎっている。

中村との交友によって、山田の個は際立った。が、それは同時に、友禅というものの根源を覗きこむことでもあった。一九八一（昭和五十六）年、山田は、日本工芸会工芸技術保存事業「茶屋染帷子《ちゃやぞめかたびら》の復原」に参加、幾つかの工程とともに、その定評ある糸目糊を担当した。このとき、糸目糊の調合だけで五年の歳月をかけた。友禅染の原形ともされる茶屋染であるが、広い面積を引染《ひきぞめ》ではなく浸染《しんせん》する点が大きく異なるからである。藍甕に浸けても水分を吸って太くならず、冴えた白を出すためには、妥協は許されない。個人作家としての経験と思いの深さが、失われた技術を現代に呼び起した。磨き抜かれた個は、単独で輝くだけでなく、過去と未来とをつなぐ点ともなり得ることを、山田は証明したのである。

古典が息づく現代の工芸

撮影／斎城　卓　ほか

松田権六「螺鈿桜文椀」と紫陽花寺の「明月椀」

様々なジャンルの古典。音楽、文学そして美術、工芸。何世紀にもわたって伝えられた各時代の文化の代表選手を私たちは受容し、日々精神の糧《かて》としている。工芸作家の制作においてもそうした古典が様々な形で息づいている。モチーフである場合もあれば制作過程に貢献していることもある。本章ではこうした工芸作品を紹介していこう。

紫陽花《あじさい》寺として有名な北鎌倉の明月院《めいげついん》は室町時代の創建だが、重要文化財に指定された「上杉重房《しげふさ》像」などの他に飯椀・汁椀・平椀・壺椀の四椀《よつわん》形式の古い例である「桜花螺鈿《らでん》椀」(桃山時代)がある。お寺の名にちなみ「明月椀《めいげつわん》」と呼ばれている。朱漆塗に螺鈿で桜花文を散らしたもので、胴の中央部と腰が面取り風に突き出たり内部に食い込んだり、極めて特異な形をしている。松田権六は長年の椀研究をバックに、この明月椀に工夫を凝らした。流麗な曲線を描くアウトライン、局面にうまく合わせて貼り付けられた割貝の桜花が華麗に舞う、全く違う趣の椀が出来上がったのである。

(金子賢治)

松田権六
《螺鈿桜文椀》昭和41年

MATSUDA, Gonroku
Bowls, cherry blossom design, *raden* inlay
1966　each h10.1 D12.5

稲垣稔次郎「型絵染屏風」に染められた「平家物語」

今まさに断崖を落ち行こうとする大将義経とその兵が、画面上方から谷底深くを眺める。後の勝敗を分ける契機となった名場面、一の谷の合戦より題を得た一点で、五頭の馬とそれに跨《またが》る武者のほかには急峻立てる斜面のみ、その単純な形態と構図のなかに、決戦に臨む緊張感が巧みに切り出されている。

この作品は《大仏炎上》《屋島《やしま》落ち》とあわせ三点で一組として発表された。義経と弁慶、そして炎の上がる東大寺と、異なる物語のクライマックスを一枚に納めた前者や、波のうねりに抗《あらが》う船上から矢を放つ後者の線的な動感もみごとであるが、屏風《びょうぶ》の形式を最大に活かした意味では、この《ひよどり越え》において他に勝るものがある。ちょうど具合よく立つように屏風を開きみれば一目瞭然、絵と図案とは異なるのだということがあらためて知らされる。平面から角度を少し変えただけで、勾配はいっそう険しさを増し、それに伴って画中の人物、さらに鑑賞者の視線が一点に集束されて、奇襲直前の心理と図柄が完全に一致している。と同時にこれが屏風という「道具」であることへの意識は、物語の描述に留まらない意匠ならではの優美さとおかしみを湛《たた》えた表現に明らかであり、作家の揺るぎない姿勢をよく伝えるものである。

（今井陽子）

稲垣稔次郎
《紙本型絵染平家物語屏風 ひよどり越え》昭和29年頃

INAGAKI, Toshijiro
Two-fold screen, "Surprise attack" from *Tale of Heike*,
stencil dyeing on paper
c.1954　76.0×76.0

平田郷陽「桜梅の少将」と舞楽「青海波」

衣裳人形で人間国宝となった平田郷陽の数々の制作は、近年、その造形の鮮烈さと情感表現の豊かさによって改めて今日的な評価を受け、再々の話題となってきた。生人形《いきにんぎょう》の系譜にある郷陽の写実的な人物描写は、人体のフォルムを単純化し姿態を強調することで細やかな情感を静的に活写する表現であった。早期には古典や風俗に主題をとって精緻な写実の巧妙さを表したが、後年には対照をなして、清新で優美な若い女性や馥郁《ふくいく》とした気品を感じさせる母子像を表し、童児像には生々《いきいき》とした愛らしさを与えた。それらは、伝統工芸における個性創造の優秀さを発揮したというだけでなく、現代人が共感しうる、あるいは欲している精神の安寧をその造形美に豊かとしているのであろう。

人形が官展に初めて入選を果たしたのは一九三六（昭和十一）年の改組第一回帝展であるが、郷陽の早期を代表する《桜梅の少将》はそのうちの一点であり、新たな人形芸術の世界を拓《ひら》いた作品となった。源平合戦の頃の武将で平重盛《しげもり》の嫡子《ちゃくし》であった平維盛《これもり》は、一一七六（安元二）年に後白河法皇の五十寶算を祝う宴席で雅楽のなかの舞楽「青海波《せいがいは》」を舞い、その容姿にすぐれ端麗であったことが賞賛されて桜梅の少将と称されたという。それに主題をとったこの作品では、舞楽「青海波」に想をえて、青海波を地紋とする羅《ら》の織物に千鳥の多彩な縫い取り模様のある装束を装い太刀を帯びるなどして、優美に舞う眉目秀麗な平維盛が写実をもって表され、烏帽子《えぼし》に美しい桜の小枝がさしてある。

（諸山正則）

平田郷陽
《桜梅の少将》昭和11年

HIRATA, Goyo
Taira-no-Koremori 1936 h65.0

石黒宗麿「千点文香合」と中国の古陶磁

黒地に規則的な白点が印象的に浮かぶ、直径が8センチほどの香合である。この白点は、作品のタイトルにもあるように「千点文《せんてんもん》」、あるいは「飛白文《ひはくもん》」、「飛鉋《とびかんな》」とも呼ばれ、中国・北宋時代の磁州窯《じしゅうよう》系陶器に見られる装飾技法によるもの。轆轤《ろくろ》の上でゆっくりと回転する器の表面に、時計のゼンマイでつくった道具（鉋）をあて、飛び飛びに弾《はじ》かれた勢いで点を打って、連続した点文様をつくり出している。鼠色の素地に白土（白化粧）を施し、さらに鉄泥（黒釉）が塗り重ねてあるため、このコントラストが生まれるのである。

この作品の作者、石黒宗麿は、中国の古陶磁に魅せられ、鉄釉や柿釉をはじめ、唐三彩《とうさんさい》、色絵、金彩、白地陶器など、驚くほど多彩な技法を、ほとんど独学で研究し、自身の作品に生かしたことで知られる。なかでも、人の手の温かみを感じさせる磁州窯系の作品には最も心惹《ひ》かれ、単なる技法の模倣や再現にとどまらず、古人の心情をも作品に込めようとした。石黒の豊かな感性に導かれた自由奔放な作風は、いまも多くの人々を魅了するが、その奥底には、石黒自身の心情を映し出すとともに、古き良き時代の深い精神性もがしっかりと捉えられているからである。

（唐澤昌宏）

石黒宗麿
《千点文香合》昭和15-20年頃

ISHIGURO, Munemaro
Incense case, chatter marks
c.1940-45 h6.5 D7.8

加藤卓男「蒼容」とペルシアのやきもの

硬く焼き締められた白土に、緑と藍色の釉薬がランダムに降りかかる。二色の釉は、ときにすばやく器の表面を流れ、またときにはゆっくりと素地にしみこむかのようなにじみを見せ、余韻を残す。疾走感とやわらかさがこの器のなかで共存する。

一九八〇(昭和五十五)年、宮内庁正倉院より正倉院三彩の復元制作の委嘱を受けた加藤卓男は、三彩に本格的に取り組むようになる。この作品《三彩鉢　蒼容《そうよう》》は、そのさなかに発表された。

意匠と技術交流を目的にフィンランド政府から招聘《しょうへい》を受け、在欧中に訪ねたイランの古窯址や国立考古博物館でペルシア陶器の美しさに魅せられた。その後、何度となく足を運んだペルシアでの発掘で織部に似た陶片を発見すると、彼の関心はペルシアから日本へと広がる壮大なやきものの技術交流と発展史へと広がった。東西のやきものの歴史を深く見つめた作者は、その幅広い知識と経験によって現代の三彩に新たな魅力を注いでいる。

(北村仁美)

加藤卓男
《三彩鉢 蒼容》昭和59年

KATO, Takuo
Bowl, "Blue Form", three-color glaze
1984 h18.5 D37.0

喜多川平朗「紅地鳥蝶唐花文錦」に見る「蝶」への祈り

京都の機屋《はたや》に生まれた喜多川平朗は、宮中装束調進をつとめていた高田義男の要請を受け、一九二七（昭和二）年いらい約六十年にわたって有職《ゆうそく》織物の制作と復元に力を注いだ人物である。昭和天皇即位の儀式用装束制作（一九二八年）、第五十八回伊勢神宮式年遷宮に際しての織物制作（一九二九年）など、まさに有職織物の核心をなす仕事を、早くも三十歳代にして手がけている。一九三〇年、東京帝室博物館の委嘱によって正倉院宝物の織物調査と模造復元に従事してからは、各種の織物調査と技法復元に多大な功績を残した。

本作品も、厳島《いつくしま》神社に伝世する、半臂《はんぴ》地の復元で、原作品は平安時代末の作と見られる。唐草で囲まれた丸文のなかに、向かい合う二羽の鳥を置き、これと互い違いに、周囲に蝶がぐるりとめぐる四弁の唐花文《からはなもん》を配した、精巧な緯錦《いきん》である。

蝶は、よく知られているように、その生態が幼虫から蛹《さなぎ》、成虫へと変化することから、たんなる愛玩の気持ちをこえ、不死や再生といったある種の呪術的な意味を帯びて受けとめられてきた。鎧《よろい》の一部などに蝶をかたどった金物が用いられることがあるのも、そこに不死への祈りが託されたためであるだろう。くわえて興味深いのは、この蝶が、平氏の紋章として久しく愛用されていたことである。本作品が厳島神社の伝世品の復元であることは述べたとおりだが、この神社と平氏とのゆかりを思うと、現代によみがえった蝶文のおもむきも、ひときわ深いものに感じられる。

（冨田康子）

喜多川平朗
《紅地鳥蝶唐花文錦》昭和35年

KITAGAWA, Heiro
Nishiki type silk, bird, butterfly and flower scroll motifs
1960　w60.0　L898.0

生野祥雲斎「くいな笛」と能面「小悪尉」

竹花入は茶人が創作したものであり、千利休をはじめとした茶人によって作られた竹花入が現代にまで伝わっている。竹を切っただけの円筒形のものや、一つか二つ窓を切っただけの単純なものがほとんどだが、単純であるだけにかえって制作者の美意識をうかがうことができるものといえるだろう。

生野祥雲斎は「竹工芸」の分野で、日本で最初に人間国宝に認定された工芸家である。祥雲斎はさまざまな技法を身につけ、古典的な作風にとどまることなく、竹の表現の探求を続けた工芸家だったが、祥雲斎がその晩年に行き着いたのは、シンプルな筒型の花入の仕事であった。

《白竹一重切華入　くいな笛》は、材料である竹の素地の美しさと、能面「小悪尉《こあくじょう》」の口に着想を得たという、丸みを帯びた窓の形が印象的な竹花入である。古美術品の鑑賞力に磨きをかけることに人一倍努力していた祥雲斎が到達した、竹の素材の美しさを生かした作品といえるだろう。

（木田拓也）

生野祥雲斎
《白竹一重切華入 くいな笛》昭和42年

SHONO, Shounsai
Vase, "*Kuina-bue* (pipe for luring waterrail)"
1967　h43.7　w7.2　d6.7

北村武資「透文羅裂地」と幻の織物「羅」

織物は、複雑そうに見えても、経糸《たていと》と緯糸《よこいと》の組み合わせによってできている。経糸が緯糸と交わる際に、隣りあう左右の経糸と綟《もじ》れあって籠目状や網目状となり、文様を織り出した織物が「羅《ら》」である。

羅は、古くから服飾品や文様染の生地として、中国ではすでに漢代に、日本では飛鳥時代から奈良時代にかけて盛んに織られ、種々の文様の羅が生み出された。しかし平安時代以降、菱や唐草などの文様を織り出した文羅《もんら》の高度な製織は衰退し、しだいに姿を消していった。

西陣織《にしじんおり》の世界でさまざまな織技法を身につけていた北村武資は、一九七二(昭和四十七)年、前漢時代の馬《ま》王堆《おうたい》古墳の発掘のニュースで伝えられた羅に心を奪われ、この織物の研究に取り組むようになる。そして苦心の末、独自の機《はた》と特殊な綜絖《そうこう》を考案することによって、その復元に成功した。

写真の透文羅《とうもんら》は、羅が醸し出す蝉の羽のような透明感をより強調し、現代の「うすぎぬ」として生み出された、北村の羅である。古代の技法や文様の単なる解明に止まらない北村の探究は、幻の織物と呼ばれた羅を、現代の織物として蘇らせ、新たな美を創出したのである。

(唐澤昌宏)

北村武資
《浅黄地透文羅裂地》平成8年

KITAMURA, Takeshi
Pale yellow *ra* type silk　1996　72.0×460.0

澤口滋「黒漆塗応器」と禅院の応量器

禅宗の僧は日常の食事一切も修行とすると聞く。これを済ます応量器《おうりょうき》は、通常黒漆塗りの組鉢で、一番大きな頭鉢《ずはつ》を外側にして四つの椀が入れ子で入り、匙《さじ》や箸が添えられている。托鉢《たくはつ》にも用い、応器《おうき》や鉄鉢《てっぱつ》などともいう。特有の用途においてもっとも完成された器物でありながら、今日の感覚で言えばもっともクラシック・モダンな、多様な食に即応した一組の椀類である。

澤口滋は、漆芸研究の大著『日本漆工の研究』を遺した澤口悟一を父にもち、その足下で漆工を学んだ。会派には属さず、漆芸への思いを強めた作り手たちと明漆会を結成するなどして、漆器産地の枠をこえて新しい時代に応じた制作に尽力し、漆の豊潤な質感と明快かつ優美な形体の、現代の住空間にモダンさを感じさせる制作を表した。この浅い高台のある「簡素静寂な入れ子の五つ椀」(澤口)は、表層的なオリジナリティーというよりも、長い歴史と漆器の研究によって得た信念に基づく「椀としての椀」という意識から、欅《けやき》の古材《こざい》を庄川《しょうがわ》で挽《ひ》き、下地から上塗りまで日本国産の漆にこだわった真塗《しんぬ》りで仕上げられている。

(諸山正則)

澤口 滋
《黒漆塗応器五椀、箸・櫂付》昭和61年

SAWAGUCHI, Shigeru
Bowls, chopsticks and *kai* (spoon), black lacquer
1986 Bowl: h7.7 D14.8; chopsticks: L21.3; *kai*: w3.2 L21.7

鈴田照次「紬地木版摺松文着物」と鍋島更紗

浅葱《あさぎ》色で地を染める前、菱形に白く残す部分に、松の葉や実をモチーフにした模様を彫り込んだ版木を一つ一つ押し当て、墨摺《すみずり》する。数種の模様のバリエーションを巧みに組み合わせ、無限とも感じられるような繰り返しのなかに、いつしか心地よいリズムが生まれている。墨摺された素朴な線の味わい、線と色彩との並列による幾何学的な構成が、木版摺ならではの魅力となっている。

木版と型染を併用するこの技法は、鍋島更紗《なべしまさらさ》に由来する。南蛮貿易でもたらされたインドやペルシア産の更紗を模して生産された和更紗の鍋島更紗は、大正期に継承者が途絶え、技術は失われていた。稲垣稔次郎の情趣豊かな型染に出会い、ろう染から転向し多数の優れた作品を制作していた鈴田照次は、地元、佐賀で生産された鍋島更紗の秘伝書の研究を託され、ルーツを求めて自ら南方へ足を運ぶなど実証的な研究を積み重ねた。鍋島更紗研究を土台に制作され、第十九回日本伝統工芸展に出品されたこの作品は、その成果をはじめて世に問うた記念碑となっている。

（北村仁美）

鈴田照次
《紬地木版摺松文着物》昭和47年

SUZUTA, Teruji
Kimono, pine corn pattern,
wood-block printing and stencil dyeing on *tsumugi* silk
1972　168.0×134.0

黒田辰秋「赤漆流稜文飾箱」と李朝の木工芸

黒田辰秋は木工芸の分野で最初に人間国宝に認定された工芸家である。黒田は柳宗悦が提唱した民芸運動に共感し、昭和初期「上賀茂民芸協団」という工芸家の共同体を組織した。その活動は三年ほどで行き詰まり解散したが、民芸協団の活動や、柳をはじめ河井寛次郎など、民芸運動の仲間たちとの交友を通じてさまざまな民芸品や過去の作品へと関心を向け、その研究を重ねていくことで独自の作風を確立した。

黒田辰秋は柳宗悦が所蔵していた李朝《りちょう》の棚を模作するなど、早くから李朝の木工品に深く傾倒した。李朝の木工品には、漢字や「卍《まんじ》」を浮き彫りで表した家具や箱などがある。黒田はこうした表現を取り入れ、漢字や花紋を浮き彫りや螺鈿であらわした作品を数多く制作した。この《赤漆流稜文飾箱》では、彫花紋と「卍」を融合させたような模様を箱の表面全体に展開させている。深く刻まれた彫紋が中心から外に向かって回転しながら広がっていく躍動感あふれる作品となっている。

（木田拓也）

黒田辰秋
《赤漆流稜文飾箱》昭和32年頃

KURODA, Tatsuaki
Ornamental box,
red lacquered, ridged design
c.1957　h18.5　w31.2　d16.0

荒川豊蔵「志野茶碗」と桃山のやきもの

いまでこそ、過去の名品に触発されて、それぞれの作家が独自の解釈を盛り込みつつ制作をすることは、工芸の表現方法の一つとして違和感なく受け入れられているけれども、そうした姿勢が作家の側から明確に打ち出されてくるのは、じつは昭和の時代に入ってからのことである。荒川豊蔵は、その先駆けともいうべき陶芸家の一人。伝世の桃山陶磁に心惹かれて、故郷・美濃の古窯発掘に取り組み、江戸期に途絶した志野《しの》、瀬戸黒《せとぐろ》などの技法解明に大きな成果をあげた。

第四回日本伝統工芸展に出品された本作品において、豊蔵は、桃山志野に多く見られる筒型をあえて避け、腰にゆったりとした丸みを与えることで独自の柔和な造形を得ている。一方で、厚く掛かった長石釉《ちょうせきゆう》は白く、硬質。釉の割れ目に浮き出した鮮やかな鉄の斑紋も印象的で、古典への憧憬を色濃く漂わせたこの作品に、ひとしきりの清新な空気をもたらしている。

（冨田康子）

荒川豊蔵
《志野茶碗》昭和32年

ARAKAWA, Toyozo
Tea bowl, *shino* type
1957　h9.5　D12.6

森口華弘「友禅訪問着　早春」と慶長・寛文小袖

図に向かって左袖の半ばから右上方に発した梅の枝は、いったん虚空へ消え再び右肩から右袖を急カーブで曲がり、裾へとまっしぐらに降りていく。動きのある大胆な構図の模様が評価され、第二回日本伝統工芸展（一九五五年）に初出品、初受賞に輝いた。

現代の着物の前身である小袖《こそで》は室町時代中期に我が国の服飾の主流として定着した。そして桃山時代に入ると豊かな技法・色彩の開発によって、華麗な模様の世界を現出するようになった。当時の模様は片身代わりや雲形などに代表されるように、いくつかの区画を設け、その中を様々な模様で充填するというやり方であった。

しかし慶長から寛文にかけてその区画がしだいにはずされていき、着物の画面が一つに融合することによって新しい模様の世界が切り開かれた。それは自然に動きをともなったが、その中に模様を片寄せ、もう一方に空間をあける、「染分竹模様辻が花小袖」（重文）や「白地甕垂れ模様絞繍小袖」などに代表される最も動きの強い一系列がある。森口はそれに学び、この作品の、当時としては実に大胆かつユニークな表現を成し遂げたのである。（金子賢治）

森口華弘
《古代縮緬地友禅訪問着　早春》昭和30年

MORIGUCHI, Kako
Kimono, "Early spring",
yuzen dyeing on crepe silk
1955　165.0×132.0

増村益城「乾漆盛器」と正倉院宝物

正倉院宝物のなかに、散華《さんげ》に用いられた竹編みの浅い笊《ざる》のような籠がある。円い籠だが、底は方形の網代編《あじろあ》みとなっている。この円と方を思い切って逆転させ、大振りの方形の器胎に朱の円を描いたわけである。粘土の原型、石膏型、乾漆《かんしつ》素地づくり、そして漆塗りと作家自身が想をねり自らすべてを手がけたこの盛器には、ゆるやかな曲面と四方の周縁のなかで円に映るように扁形させられた朱の円が鮮やかに表されている。この円は、東大寺二月堂にゆかりの練行衆盤という、鎌倉時代の根《ね》来《ごろ》塗のいわゆる日の丸盆に想を得たものである。増村は、若い頃に奈良で寺社関係の漆塗りの修業をし、その後東京で作家活動を積極的に続けながらも、日本工芸のもっともすぐれた古典といえる正倉院宝物が当の奈良で披露される毎年秋の展覧会には必ず通っていた。そこで得た斬新な創意の現れであろう。

第四回日本伝統工芸展で最高の日本工芸会総裁賞を受賞した作品の姉妹作である。日の丸が鮮麗な赤味の強い本朱で表された受賞作に対して、これは黄色味の洗朱で描かれている。受賞にあたり、松尾芭蕉の〝不易流行〟に即して、伝承のわざによって現代生活に適した簡素で清新な創造を目した伝統工芸の理念にもっとも適った制作として高い評価を得、かつシンボルともなった作品である。形体と漆塗りの造形にくっきりと明るい洗朱《あらいしゅ》で映る日の丸は、強い光沢のなかで伝統とモダンさとが融合した、現代のデザイン感覚に満ちて実に印象深いものである。(諸山正則)

増村益城
《乾漆盛器》昭和32年

MASUMURA, Mashiki
Tray, *kanshitsu*
1957　h7.5　w38.0　d38.0

富本憲吉「色絵薊文角鉢」と九谷焼

富本憲吉は、個性的で創作性豊かな制作を自己の信条とし、それを貫いた陶芸家としてよく知られている。創作性を重要視した富本の作品にも、古典的な要素は息づいている。

富本憲吉は九谷焼の作家ではないが、石川県の九谷で色絵の技法を研究した。それまで、主に染付や白磁を制作していた富本が色絵の仕事に本格的に取り組みはじめるのは、一九三六（昭和十一）年、約半年間にわたって九谷の地に滞在してからのことである。九谷での色絵研究から二年後に制作されたこの作品からも、緑と黄色と濃紺を使った、九谷焼独特の濃厚な色絵の雰囲気が伝わってくる。

「模様から模様を作らず」という有名な富本の言葉があるが、身近な草花や風景をスケッチして模様の創作に人一倍情熱を傾けていた富本が、色絵の世界に足を踏み入れ、絵付けを楽しんでいる様子が、この作品に見られるのびのびとした筆づかいからも感じられる。

（木田拓也）

富本憲吉
《色絵薊文角鉢》昭和13年

TOMIMOTO, Kenkichi
Square dish, thistle design,
overglaze enamels
1938　h5.3　w22.0　d21.0

高村豊周「鼎」と古代中国の青銅器

高村豊周は、木彫家・高村光雲《こううん》の三男として、東京・谷中《やなか》に生まれた。兄は、彫刻家・高村光太郎である。父の奨めで鋳金の道に進むことにした豊周は、東京美術学校（現・東京藝大）助教授の津田信夫《しのぶ》の内弟子となり、その後同校で学んだ。在外研修で渡欧した津田が、西欧の最新の工芸事情を持ち帰ると、それを契機として、豊周を中心とした美校の若い工芸家たちは、精巧な技術のみに拘泥した日本の古い工芸界を打開しようと、「无型《むけい》」というグループを結成した。そして、当時ヨーロッパで流行していた装飾芸術様式、アール・デコや機能主義に感化を受けた作品を発表し始めたのである。

无型発足当初こそ、西欧の装飾様式に追従したかに見えた豊周であったが、西欧一辺倒というわけではなかった。一九三〇（昭和五）年第四回无型展で、この作品によく似た、古代中国の青銅器に由来する鼎のかたちをした花さしを出品している。よく見ると、この作品《鼎《かなえ》》も、中国古代の青銅器を範としながらも、そこには无型時代に身につけた簡潔な器形と明快な装飾によって、モダン・デザインにも通じる新鮮さが加味されている。古典研究が作家の制作にとって感性を磨く有効な手段であると考えていた豊周は、西洋と東洋の調和のなかに自己の表現を見出した作家であった。（北村仁美）

高村豊周
《鼎》昭和30年

TAKAMURA, Toyochika
Tripod cauldron
1955　h24.5　D22.0

金重陶陽「備前焼耳付水指」と桃山の備前焼

釉薬を用いなくても、炎と薪の灰の作用により、同じ景色が二つと無いさまざまな表情をつくり出してきた備前焼は、古くから日本人に愛されてきたやきものの一つである。とくに、侘《わび》・寂《さび》の精神とも合致し発展した桃山時代につくられた茶陶は、昭和時代の初頭に起こった、古陶磁に見られる伝統美を再発見する活動に大きな影響を与え、多くの優れた陶芸家を育てあげた。

動物の置物や香炉などの細工物を制作する「でこ師（細工人）」として、若くして才能を認められていた備前の金重陶陽は、三十代の中ごろより桃山茶陶の魅力に惹かれ、素材の研究と技法の探求に没頭した。土の吟味や轆轤技の習得、窯構造の改良はもちろんのこと、自身を磨くための古陶磁の鑑賞や茶道の修業にも専念した。そしてその成果は、桃山の作風の単なる再現にとどまらず、独自の美意識を創出したのである。

《備前焼耳付水指》には、ねっとりとした土の質感、動きを感じさせる轆轤目、独自の焼成法による胡麻や牡丹餅などの窯変、さらには左右非対称の大きな耳や大胆な篦目《へらめ》など、新たな伝統を築き上げた陶陽の、巧みな技と鋭敏な造形感覚が余すことなく映し出されている。

（唐澤昌宏）

金重陶陽
《備前焼耳付水指》昭和33年

KANESHIGE, Toyo
Water container with ears, Bizen ware
1958　h20.0　D21.5

鎌倉芳太郎の〝紅型〟——「印金朧型着物　瑲」

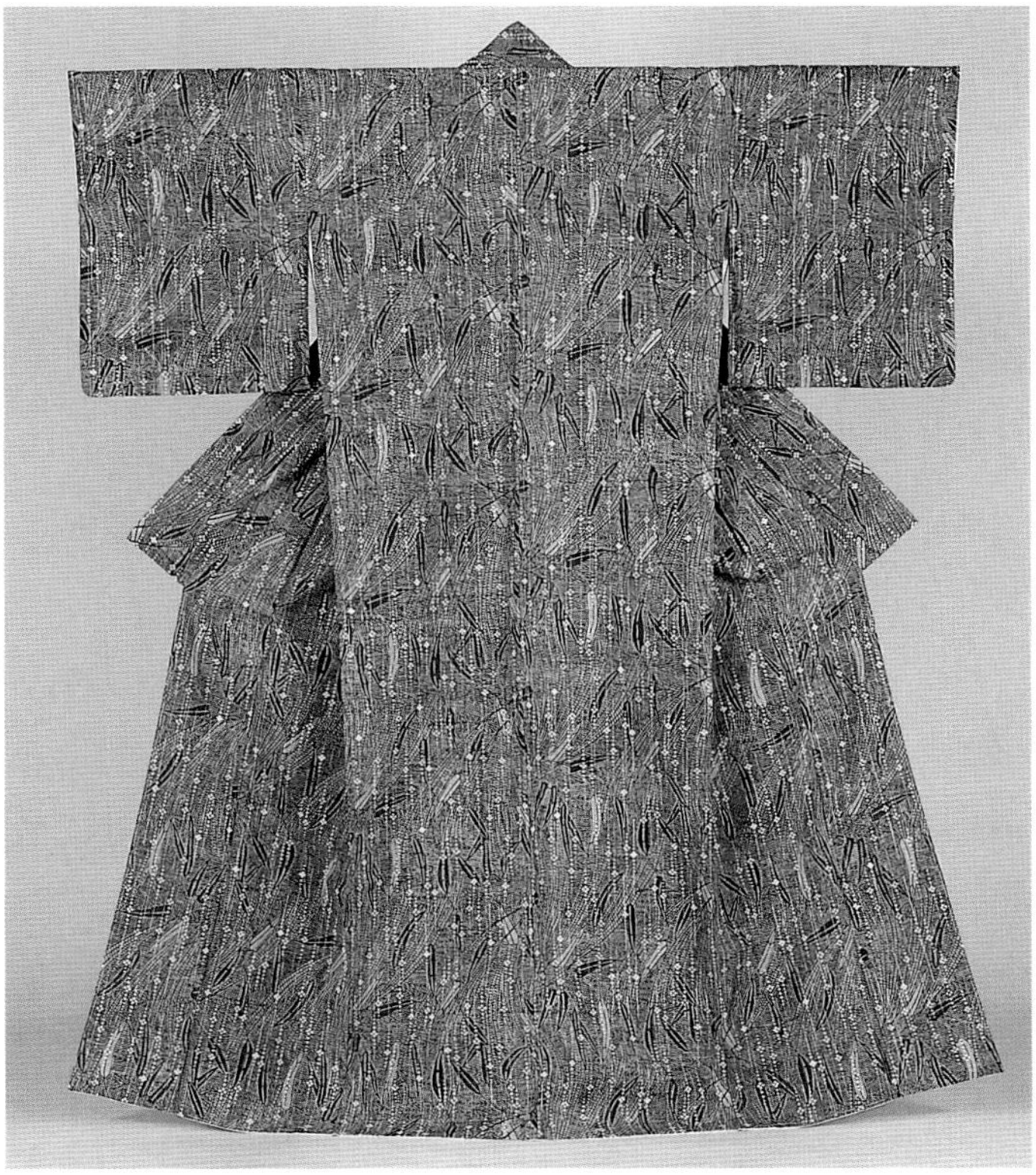

瑲《そう》とは玉や楽器の鳴る音とそのさまを意味する。小菱形は雨を象徴して芦の葉や穂に降りかかり、そこから落ちる露は、芦の生い立つ水辺に雫《しずく》となって波紋を広げている。藍の濃淡に、雨文にのみ施された金がきらめき、異なる種類の三枚の型が有機的な繋がりを形成して、ひとつの情景を染め出している。

沖縄古来の紅型《びんがた》には、しばしば渡り鳥や蜻蛉《あけじゅ》、蝶《はるべ》に当時の人々の信仰や願いが託されたが、意匠構成上は脈絡を欠いており、それがかえって大胆な図案の面白さとなったものが多くみられた。一方、香川県に生まれ、つねに「大和人《やまとんちゅ》」を自認していた鎌倉芳太郎の作品は、伝統的なモチーフを採用しながら、文学的な情趣を漂わせている。

琉球文化の研究者として一名を馳せていた鎌倉が本格的に染色作家として活動を始めたのは一九五七（昭和三十二）年、五十九歳の時のことであった。「紅型を継承するのは沖縄の人であり、それ以外の誰でもない。結局、私は本土からの旅人であり……私としては万葉時代からの本土の心を歌うべきであり、そこに今日の日本人としての新しい心象の世界を表現しなければならない」と語る鎌倉の作品は、長年の研究の成果から、生きている時代の息遣いを感じさせるような「現代の街着」を世に問うものであった。

（今井陽子）

鎌倉芳太郎
《印金朧型着物　瑲》昭和39年

KAMAKURA, Yoshitaro
Kimono, "Melody",
stencil dyeing and gold leaf imprint
1964　160.0×130.0

大木秀春「桃帯留」と江戸金工の粋

中国の古い伝説に、三千年に一度実を結び、食せば寿命が延びるという桃の木の話があるという。そのおめでたいモチーフを、丸々とした三つの果実と、勢いよく生い茂る葉との組み合わせによって、印象深くあらわした帯留である。桃の大きさは、わずか1センチあまり。しかし、巧みな構成と、行き届いた鋭い技が、その小さな空間に、沸《わ》き立つような生命感を与えている。

大木秀春は、江戸金工の系譜を受け継ぐ桂光春の弟子で、装身具や飾り金具といった細緻で装飾的な仕事を得意とした。技巧だけでなく、植物や小動物をバランスよく配した文様構成にも、見どころがある。そこには、刀剣装飾を軸に発展した日本の金工技術の伝統と、近代以降の新しいデザイン感覚とが、みごとに溶け合っているようだ。

（冨田康子）

大木秀春
《桃帯留》昭和32年

OKI, Hideharu
Sash clip in the shape of peaches
1957　3.8×5.3

齋田梅亭の截金——「截金菱花文飾筥」

截金《きりかね》は、仏教とともに伝来し、奈良平安から鎌倉期以降に仏像の衣裳や仏画の装飾文など仏教美術の荘厳《しょうごん》として活用されてきた。わが国で最たる古典であり、特有の優美さを表す工芸技術であろう。その装飾としてもっとも伝統的な技法に新たな創作性を見出し、箱や屛風といった工芸的表現の世界へと発展させたのが京都の齋田梅亭である。その伝統は、截金で三人目の人間国宝となった京都の江里佐代子に継承され、華麗な創作が披露された。

截金は、金箔を重ねて厚みをもたせたものを細い線や三角、四角、菱形等に切り、二本の筆を操りながら貼り付けて、直線や曲線、あるいは幾何的な文様を構成していく技法である。木地や彩色の上になされたその装飾は、金の輝きが永遠性を彩《あや》なしている。この桐素地の飾箱には、金の直線で菱形に囲われた臙脂色《えんじいろ》や群青色《ぐんじょういろ》の地に、遠近感を意識しつつ屈曲した金線のなかに菱形の小箔で花が表されている。あたかもきらきらと風にそよぐ風情をうかがわせて、繊細で典雅な趣きを増している。

（諸山正則）

齋田梅亭
《截金菱花文飾筥》昭和54年

SAIDA, Baitei
Ornamental box, flower design, *kirikane*
1979　h13.2　w25.0　d12.7

中里無庵「唐津水指」と桃山の唐津焼

全体にうすい土灰釉がかかり、中央に自然にできたなだれのある肩衝《かたつき》の水指《みずさし》である。より紐を輪積みし水引きした後、器の内側に当て木を添え、外側から専用の板で叩くことで土を引き締める、叩きの技法で成形されている。そのため手取りが非常にかるいのが特徴である。古唐津で用いられていた叩きの技法は、十八世紀以降忘れ去られていたが、中里無庵（十二代太郎右衛門）は出土する陶片や伝世品をたよりに研究を重ね、その技法を再現した。胴の上端のゆるやかな丸みは焼成中に口縁部の重みで自然にできたもので、胴中央から下部にかけて入れられた数筋の線とともに、作品におおらかさを添えている。

一九三〇（昭和五）年、陶芸家、荒川豊蔵によって志野の古窯跡が岐阜県に発見されたことで、日本国中が古陶磁ブームに沸いた。桃山時代に興隆した陶磁器の高い到達点に刺激されたその熱狂は、備前や萩といった古くからの窯場へも広がっていた。佐賀県の唐津焼御用焼物師の家に生まれた中里無庵もこの時代の空気を吸い、桃山陶への憧憬のなかに自己の制作の方向を見出していった作家の一人だったのである。（北村仁美）

中里無庵（十二代太郎右衛門）
《唐津水指》昭和33年

NAKAZATO, Muan (Taroemon XII)
Water container, Karatsu ware
1958 h16.5 D22.0

初代長野垤志と〝和銑〟――「松林の図肩衝釜」

肩がしっかりと衝《つ》いた肩衝型で、肩からゆるやかに弧を描き、底部に向かって包み込むように降りていく。きめ細かな鋳膚が釜全体を覆い、その中に松の林が静かに描かれている。古釜が持つ品格を保ちつつ、現代の釜としてのフォルムとデザインが認められ、第六回日本伝統工芸展で日本放送協会賞を受賞した。

釜は、日本において鋳鉄製の工芸品を代表するものである。茶道においては、一席の主人の代わりをするものといわれ、芦屋《あしや》系と天命《てんみょう》系の釜が知られる。しかしその歴史は、いまだ不明な点が多い。

釜の地金には和銑《わずく》と洋銑《ようずく》が用いられる。和銑は、古釜に用いられてきた銑鉄《せんてつ》で、腐食に強く錆色も美しいが、鋳造が難しい。一方の洋銑は、腐食に弱いが、鋳造が容易である。和銑による釜の制作技術は、明治以後に伝えられた洋銑によって技術者が減り、いつしか途絶えてしまった。

古釜の研究を通して、五十歳を過ぎたころから本格的に和銑釜の制作に取り組み、後に重要無形文化財「茶の湯釜」の保持者に認定された初代長野垤志が、「もう考えることはすべてやった。今は、何をしてよいかも解らない」と語る時期もあったほど、技術の復元には試行錯誤を重ねたという。和銑を用いた現代の釜としての様々な展開と自己の表現を見出した長野にとって、この《松林の図肩衝釜》は、その第一歩を踏み出した記念碑的な作品なのである。

（唐澤昌宏）

初代 長野垤志
《松林の図肩衝釜》昭和34年

NAGANO, Tesshi I
Tea kettle in the "prominent shoulder" style
with pine-forest design
1959 h17.7 D19.4

野口光彦「陽炎」と御所人形

野口光彦
《陽炎》昭和44年

NOGUCHI, Mitsuhiko
Heat Haze
1969　h25.0

歩きはじめて間もない頃なのであろうか。小さな女の子が、腕を広げ、懸命にバランスをとりながら立っている。目はまっすぐにこちらを指して輝きを放ち、軽く曲げた指先はいかにも繊細で、ピクリと動き出しそうにさえ見える。

このような童子をかたどった人形は、御所人形に分類されるものである。御所人形の名は、かつて、京都の御所や公卿《くぎょう》が贈り物の返礼として大名に贈ったことに由来し、裸体あるいは着衣の三頭身の童子として表される。胡粉塗りの肌は白い輝きを宿し、そのため御所人形は「白玉」と呼ばれることもある。愛らしい稚児《ちご》の健やかな表現に、吉祥の気分が託されている。

野口光彦は東京日本橋に生まれ、「頭の野口」といわれた祖父の初代清雲斎について学んだ。御所人形独特のフォルムは、笑みを誘う愛らしさに、少し間違えば異形ともなりかねない危うさが潜んでいる。《陽炎《かげろう》》の童女も、よく見ると現実とは異なるプロポーションをしているのに気づかされる。虚実皮膜にある人形としての美を探るため、野口は熱心に研究を重ねた。名人として地位を築いた後も進んで彫刻の特別講義を受け、また数百ページにおよぶ日記帳には余白の余すところなくデッサンが描きこまれていたそうだ。伝来の「様式美」をただ踏襲するだけでなく、その真に迫った野口の御所人形には品格と躍動感とが共存し、近代の息吹を感じさせる。

（今井陽子）

十三代今泉今右衛門「色絵かるかや文鉢」と
江戸期の色鍋島

十三代今泉今右衛門は、色鍋島《いろなべしま》の技法を受け継ぐ有田焼の名門今泉家の長男として生まれ、伝統的な色鍋島の技術の保存につとめる一方で、下地を灰色に染める薄墨《うすずみ》の技法を開発してそれまでの鍋島焼にはなかった表現を新たに取り入れるなど、たんに伝統的な技術の継承に踏みとどまることなく、創作的な表現にも意欲的に取り組んでいった陶芸家であった。

この作品には「かるかや（刈萱）」というイネ科の植物があらわされているのだが、お手本になっているのは江戸時代（十八世紀前半）に制作された色鍋島の「色絵組紐文皿」である。《色絵組紐文皿》では赤と青の二色の紐房があらわされているのだが、今泉今右衛門はその紐房を「かるかや」の穂に置き換えてあらわしているのである。自然観察に基づいて図案化したかるかやの穂を、《色絵組紐文皿》にあらわされた構図にのっとり、渦巻状にあらわすことによって躍動感あふれる表現となっている。

（木田拓也）

十三代 今泉今右衛門
《色絵かるかや文鉢》昭和44年

IMAIZUMI, Imaemon XIII
Bowl, grass design, overglaze enamels
1969 h7.2 D42.2

工芸と展覧会——独自の「発表の場」を求めて

北村 仁美

美術館、博物館、画廊、百貨店、各種の多目的施設などを会場として、今日、多くの展覧会が開かれている。その規模の大小を問わず、特定または不特定の多数者に対し、作品を展示して公開する展覧会は、多くの一般の人々にとって、「作品と出会える場」である。そしてとくに作り手、作家にとっては、自身の作品をより多くの人に知ってもらう「発表の場」となる。展覧会は、いわば、作品の作り手と受け手を結ぶ場として、重要な役割を担っている。

また、展覧会では、展示された作品が、新聞や専門誌といったメディアで取り上げられ広く紹介されたり、あるいは批評されたりもする。こうした情報が作り手と、受け手双方へフィードバックされ、次のアクションを引き起こす一要因ともなりうる。これら一つ一つが積み重なり、やがて大きな流れとなって、さらに長い期間でとらえれば歴史が形成されることになる。作り手にとっても、受け手にとっても、展覧会とは、それなしでは始まらない最初の一歩である。ここでは、近代以降から現代までの主要な展覧会について概観するとともに、本書で取り上げている作家を中心に、活動の舞台となった展覧会を紹介する。

博覧会の影響と官展への出品—明治時代から戦前期

近代工芸の黎明期、すなわち明治前期には、欧米の主要都市で開かれた万国博覧会が、工芸の展開に決定的な影響を及ぼした。万国博覧会とは、直接的には一八五一年にロンドンで開催された「万国の産業の成果の大博覧会（The Great Exhibition of the Works of Industry of All Nations）」に端を発するもので、産業技術とデザインの振興を目的としたこの博覧会が、その後に続く一連の博覧会の原型ともなった。日本は、一八七三（明治六）年、オーストリアのウィーンで開かれた万国博覧会に、初めて政府として公式に参加した。そこでは、当時ヨーロッパで人気が高まっていた日本趣味も幸いして、日本から出品された伝統的な工芸品が高く評価された。この結果、政府は工芸品の輸出に注力することを決め、政府支援のもと工芸の輸出を行う会社（起立工商会社）も設立された。この会社の制作注文を請け負った工芸家たちのなかから、明治を代表する作家が多数輩出していった。

万国博覧会では、出品各国が競って自国の産業や文化の発展をアピールしたから、欧米諸国の最新の動向を知る上でも最適の場所でもあった。博覧会の様子は、帰朝者を介して、あるいは博覧会報告書、当時の美術雑誌等で国内にも伝えられた。こうして一九〇〇（明治三十三）年のパリ万国博覧会におけるアール・ヌーヴォー様式の流行、一九二五（大正十四）年の現代装飾美術・産業美術万国博覧会（いわゆるアール・デコ博）における装飾様式の変化は、いち早く日本にも知らされ、陶芸の板谷波山や金工の高村豊周ら同時代の日本の工芸家たちに少なからず影響を及ぼすこととなった。

一方、欧米諸国との交流を通して、それまで曖昧だった日本語の「美術」や「工芸」といった言葉の意味するところも徐々に整理されていった。こうして、工芸は美術に含まれないという考えが広がり、一九〇七（明治四十）年に始まった文部省美術展覧会（文展、一九一九年より帝展、一九三七年より新文展、戦後は日展）では、絵画（日本画、洋画）と彫刻部門のみで構成され、工芸は対象外とされた。そのため工芸作家の発表の場としての展覧会は、しばらくは一九一三（大正二）年から始まる農商務省図案及応用作品展覧会（農展、一九一八年より農商務省工芸展覧会、一九二五年より商工省工芸展覧会）が中心となる。

この頃、新帰朝の彫刻家、高村光太郎によって、東京神田に日本初の商業的な画廊、琅玕洞《ろうかんどう》が開設された（一九一〇年）。続いて一九一三年にはヴヰナス倶楽部、日比谷美術館、翌一九一四年には三笠、田中屋、流逸荘といった小規模ながら現代作家の作品を扱う画廊が次々とできた。同年に富本憲吉は、田中屋で「陶器及陶器図案展覧会」を開催し、六十点余りの陶器と素描約三十点を発表し、イギリス留学中に傾倒したウィリアム・モリスの仕事にも触発された広汎な制作を世に問うた。こうしたインディペンデントな画廊で工芸作品を展示することで、絵画や彫刻と同様に、工芸も個人の思想を反映する手段となり得ることを示したのである。出品点数が制限される公募展とは異なり、一つの空間を一作家による作品のみで構成し、制作全体を多角的に紹介できる個展というスタイルの始まりも、日本ではこの時代を起点と見ることができる。

さて、前述の農展は、全国規模の工芸の公募展としては、当時ほとんど唯一といってもいい状況であった。そのため、さまざまな方向性をもった「工芸」が集まった。初期には、図案のみの出品も多数を占め、この点が芸術的欲求の表現として工芸を考えていこうとする工芸家たちに不満を与えていた。こうして東京美術学校教授や同校卒業生を中心に、帝展への美術工芸部門設置運動が展開され、一九二七（昭和二）年第八回帝展で、美術工芸部門の設置が実現されるに至った。ここにおいて、産業としての工芸ではなく、自己の表現の手段としての工芸を発表する場が確保された。帝展には、板谷波山、清水《きよみず》六兵衛（陶芸）、赤塚自得《じとく》（漆芸）、桂光春（彫金）といった、その頃大家といわれた作家たちとともに、美術学校出身の若手や中堅作家たち（高村豊周、佐々木象堂、北原千鹿、広川松五郎、松田権六、山崎覚太郎ら）、彫金の鹿島一谷など市井の工芸家たちが出品し、幅広く充実した作品が集まり、回を重ねるにつれ、作家を目指す若手にとっての登竜門、また作家としてのキャリアを積む場として位置づけられるようになっていった。他にも漆芸の磯井如真、音丸耕堂、竹芸の飯塚琅玕斎、生野祥雲斎、人形の平田郷陽といった戦後に充実した活動を展開する作家の多くが、戦前の帝展、新文展で入選・入賞を重ねている。戦前は数少ない官展としてその存在は大きく（戦後は社団法人の運営となる）、この後も鑑賞中心主義、技術重視、保守的傾向等々さまざまに批判され、新たな作家団体が異を唱え結成され、大小のグループ展を開催していくこととなる。

新団体結成に伴う展覧会の誕生—戦後

戦後の工芸界は、戦前には見えにくかった各種の「工芸」の方向が、はっきりと打ち出されるようになり、それぞれが主張を唱え活動を展開した。京都の新鋭の画家たちによって結成された国画創作協会（現、国画会）は、昭和初期に富本憲吉ら工芸作家をも加えて、工芸部を置いていた。一時はバーナード・リーチや浜田庄司をはじめとする民芸の作家たちがここに参加したが、その後考え方の相違から、民芸派は会を離れていた。ところが戦後、民芸の作家たちが復帰することになり、今度は富本憲吉が国画会を退会することになった。この時、富本の思想に共鳴する作家たちもともに退会し、富本を中心に一九四七（昭和二十二）年、新匠美術工芸会（のちの新匠会、現、新匠工芸会）を結成した。会員には、染織の稲垣稔次郎や彫金の増田三男らがおり、年一回公募展を開いた。新匠会からは、染織の志村ふくみや伊砂利彦ら力ある作家が輩出している。一方、国画会工芸部は、富本の退会時に解散され、翌年民芸派によって再組織され、民芸色が強く打ち出されるようになっていく。

一九五〇（昭和二十五）年、前年の法隆寺金堂壁画の焼失をきっかけに、文化財保護法が制定された。この法律では、国宝、重要文化財、史跡名勝などとならんで、新たに芸能や工芸技術等の無形文化財が選定されることになった。これにより国家認定を受けた工芸技術の保持者を中心に日本工芸会という作家団体が結成され、一九五五（昭和三十）年に文化財保護委員会との共催で、前年に開かれた第一回展とは構想も新たに日本伝統工芸展が開催された。第七回展からは公募制が採用され、毎年開催される日本伝統工芸展は、各地に伝承する工芸を連帯させる働きも担った。また技術保持者の認定にあたっては、技のみならず、芸術性も重視されたため、それが展覧会の作風ともなってきている。一九五五年には、石黒宗麿（鉄釉陶器）、荒川豊蔵（志野・瀬戸黒）、小宮康助（江戸小紋）、木村雨山（友禅）、松田権六（蒔絵）、平田郷陽（人形）といった人々が技術保持者の認定を受けた。その後、喜多川平朗（羅・有職織物）、森口華弘（友禅）、生野祥雲斎（竹芸）、田口善国（蒔絵）等の作家が認定されており、技と美を今日に伝えている。

一九五六（昭和三十一）年、手わざのあたたかみを生かした日常品の制作をめざした作家たちによって、日本デザイナークラフトマン協会（現、クラフトデザイン協会）が発足し、一九六〇（昭和三十五）年より展覧会（現、日本クラフト展）を開催している。その前年には、地場産業をクラフトの視点から捉え直し、振興をはかったクラフトセンター・ジャパンも発足し、企画展と連動して販売も行った。讃岐の肥松《こえまつ》を使った什器で知られる有岡良益や、鳴子《なるこ》漆器の澤口滋らの風土に立脚した制作が、こうしたクラフトの文脈から登場してきている。

テーマ・スタイルの多様化―現代へ

このほか戦後には、青年作陶家集団、走泥社《そうでいしゃ》、四耕会といった作家グループや、現代工芸美術家協会が結成され、工芸における抽象形態を押し進めた。その活動はグループ展や協会の展覧会（現、日本現代工芸美術展、一九六二年〜）で発信された。

工芸の素材別にも、その後多くの公募展が開催されてきている。陶磁器では、朝日陶芸展（一九六三年〜）、日本陶芸展（一九七一年〜）のほか、産地が行う国際公募展として国際陶磁器展美濃（一九八六年〜）、益子陶芸展（一九九六年〜）が新たにスタートしている。ガラスでは、日本のガラス展（一九七八年〜）、国際ガラス展・金沢（一九八四年〜）、漆では、国際漆展・石川（一九八九年〜）がある。以上の公募展のほか、近年では美術画廊が出品するアートフェアも注目されており、作品発表の場は多様化してきているといえる。とくに長い歴史を持つ公募展では、出品される作品のスタイルが固定化しつつあり、いかに時代の感覚を取り入れ、出品する作家側にもまた鑑賞する側にも魅力ある内容とすることができるのかが課題となっている。

あわせて美術館、博物館等が企画し、一定のテーマのもとに作品を集め展観する事業も盛んである。こうした展覧会では、古美術から現代の若手作家の作品までが対象となり、歴史や文脈について新たな視点を提起するものもあり、工芸作品の鑑賞をいっそう豊かなものとしている。

茶室の工芸学

―現代工芸家の茶器

撮影／アローアートワークス　ほか

作品にこめられた静かな主張

茶陶と表現。茶室の用を満たすことと、作家の個性を表現すること。その両者をいかに塩梅《あんばい》するか。現代の作家を悩ます大きな問題の一つである。その作家の意識がよく表れているのが、石黒宗麿のこの茶碗である。

石黒はこの種の作品をいくつも作っているが、それはつい二、三年前まで一般に「木葉《このは》天目《てんもく》茶碗」と称されていた。私たちも特に注意を払わずに来たのであるが、しかしよく見ると、多くの場合作家自身の箱書《はこがき》があって、この作品のように「黒釉葉文盌《わん》」ないし「黒釉葉文茶盌」とあるものがしばしば見受けられる。

これは作家の意志である。つまり石黒のように中国の古典陶磁を再現、復元することに基盤を置いてきた作家にとって、木葉天目は当然目標の一つであったろう。しかし彼はそれでは満足しなかったのである。参考にしてはいるが、これは自分の作品で、「黒い色をした葉の文様の盌である」ということを主張しているのである。

「写し」ではない、自分自身の作である。これが現代の工芸家、陶芸家のあり方である。本章では、こうした現代作家による茶器を紹介したい。

（金子賢治）

石黒宗麿
《黒釉葉文碗》昭和29年

ISHIGURO, Munemaro
Tea bowl, leaf design, black glaze
1954 h5.8 D16.7

主題を如何に表現するか

筒型の水指の胴部に、銀地にぐるりとオハグロトンボが表現されている。上部と下部に流水の様相が銀平目粉で表されトンボが黒漆で描かれているのだが、それらは、下方へ向かうにつれ、トンボの黒い姿態が水面に映る光の輝きと融けあいおぼろになっている。左方、右方へ飛び交うトンボ、光に揺らめくトンボの姿態が動のイメージを演出し、銀地の落ち着いた明るさのなかで、茶室の静と対照をなしている。

トンボの表現は、通常の蒔《ま》きぼかしや濃淡二種の金属粉を混合して表すぼかしではなく、黒漆の文様の上に蒔かれた銀粉を研《と》いで巧妙にぼかしの効果を表したものであり、作者の随意の感覚に率直な手法であろう。黒と銀のモノトーンに階調と色彩の表現をとり、卓越した金蒔絵《きんまきえ》や螺鈿《らでん》とは異種な、華やかさを抑制した装飾のなかで揺れ動く生命感こそが鮮やかで、清新である。田口善国は、日常の自然を凝視し、小さな生物の生きる姿にことのほか愛情を注いだ。蒔絵の華麗さや技法の高度さはさておき、そんな田口らしい主題を喜ぶべきであろう。

（諸山正則）

田口善国
《水鏡蒔絵水指》昭和45年

TAGUCHI, Yoshikuni
Water container, *mizukagami*
(reflection in the water) design, *maki-e*
1970　h15.0　D16.5

古作を範とし、自作に生かす

茶席において釜は、亭主の気持ちや心構えを示す、最も重要な道具のひとつである。

福岡県で作られていた芦屋釜《あしやがま》と、栃木県で作られていた天命釜《てんみょうがま》が代表的な釜の系譜として知られているが、現代においても茶釜の制作に取り組む金工家は多く、古来の技法や様式の研究に基づきながらも、現代的な感覚にあふれるユニークな釜が作り出されている。

この《独楽釜《こま》》は「茶の湯釜」の人間国宝（重要無形文化財保持者）に認定された角谷一圭によるもので、古作には見られない新鮮な感覚にあふれる作品である。肩の部分にみられるゆるやかな丸みを帯びた曲線的な部分と、胴回りの直線的な部分が破綻なく調和し、また、表面の鋳肌は滑らかで、全体的になごやかな雰囲気を生み出している。

大阪に生まれ、釜師であった父から茶の湯釜の制作技術を受け継いだ角谷一圭は、釜の修理や修復の仕事を通じて過去の名品を研究し、自らの制作に生かしてきた。そして、古い釜に範を求めつつも、現代的な感覚をそなえた釜を制作し、高く評価された。

（木田拓也）

角谷一圭
《独楽釜》昭和36年

KAKUTANI, Ikkei
Tea kettle, children's-top design
1961　h15.9　D27.5

「数寄者の作陶」を越えて

その名に反して、およそ志野らしくない茶碗である。口縁部のくびれやコロンとした丸みもめずらしいけれど、特に目を引くのは、肌の、まるでかせたような焼き上がりである。本来の志野《しの》の特徴である白く厚い長石釉が、ここではごく薄く掛かるのみで胎土《たいど》を透かしている。薄茶色の焦げは、制作中に生じた割れを縛《しば》って補強した、その藁《わら》の跡だという。ことさらていねいな金継《きんつ》ぎで割れをつくろい、作者みずから「愛用」したと、箱書にある。

作者の川喜田半泥子は三重の素封家の生まれで、政財界の要職にあった人物だが、一方で多才な趣味人でもあり、とくに陶芸への傾倒ぶりは広く知られている。数寄者《すきしゃ》の作陶とはいえ、強い主張を感じさせる豪快な作風は、あくまで表現者のそれである。各地の陶芸家との親密な交流も、特筆に価する。

昭和戦前期における桃山陶芸復興の動きは、やがて近代工芸の出発点の一つを形成してゆくことになるが、そうした動向を力強く、また華やかに先導したのが、この半泥子であった。

（冨田康子）

川喜田半泥子
《志野茶碗 赤不動》昭和24年

KAWAKITA, Handeishi
Tea bowl, "*Aka-fudo*", *shino* ware
1949 h9.0 D14.0

音丸耕堂
《彫漆薺文茶入》昭和34年頃

OTOMARU, Kodo
Tea caddy, mother's-heart design, *choshitsu*
c.1959　h6.2　D8.6

迷いのない手技で優雅な文様を

薺《なずな》は春の七草にも数えられる越年草だが、路傍に生える姿は、ふだん目に留まることもほとんどない。音丸耕堂は、その一見ありふれた植物の姿を見事に図案化し、非常に洒落た茶器に仕立てた。羽状の葉は優雅さと大胆さを併せもつ曲面として表され、シャープな線で切り込んだ茎からは、撥《ばち》に似た小さな果実が幾つも生え出して、リズミカルな調子をもたらしている。

彫漆《ちょうしつ》は、器胎素地を成形してから色漆を何層も塗り重ね、彫刻刀で文様を彫り出す技法であり、彫り下げる層によって現れる色が異なるところが大きな見所となる。そのため、配色の決定は、刃先をどこまで進めるかという計画と完全に一致する必要がある。十二歳から修養を積んだ音丸は、彫刻刀を筆のように自在に扱うと賞賛され、輪郭線の切り込みに迷いがみられない。この茶器では、文様の表面は漆《しっ》黒《こく》一色でまとめられているが、よく観察すると、葉と実は赤い色漆の層まで彫り下げられているのに対し、茎部分はその手前の青で留められている。

高さ6センチ少々、掌中にすっぽり納まるほどの小さな茶器に作家の深い想いが籠められている。（今井陽子）

籠師の伝統に育まれた作家の骨格

飯塚琅玕斎は、一九三二（昭和七）年、竹工芸家として初めて帝展入賞を果たし、個人作家としていちはやく自己を確立した、いわば近代工芸のパイオニアである。この《花《はな》籃《かご》 あんこう》はその代表作で、見どころは、竹を縦に切って束ねて編んだ束編の技法の展開にある。曲線の繰り返しによりうねりとボリュームを感じさせる器の胴が、中間部で一度ひきしめられた後、上方に向かって一気に解放される。曲線と直線の激しいコントラストは、器の口縁に向かうにつれ、細やかな編みのなかにその勢いを収束させる。

飯塚琅玕斎が作家として活動を始めた頃は、竹で個を表現するなど考えも及ばない時代であった。多くが籠師として唐物《からもの》の写しをもっぱらとするなかで、ひとり籠制作のなかに自己表現の道を求めた琅玕斎は、古い技法を復活させ作品を制作し、作家としてのその地位を築いていった。

ところで、この花籃の銘「あんこう」は、口が広いことから魚のアンコウにかけて茶道具で呼ばれる、鮟鱇《あんこう》形をした器の形に由来するのだろう。作家・琅玕斎の骨格形成に、長い茶の湯の伝統のなかで育まれた籠に対する審美眼が大きな役割を果たしたことはいうまでもない。（北村仁美）

飯塚琅玕斎
《花籃 あんこう》昭和32年

IIZUKA, Rokansai
Flower basket, "*Anko* (angler fish)"
1957 h22.0 D23.0

純白の釉薬に受け継がれる茶陶の伝統

萩焼は江戸時代より日本人に愛され、とくに茶の湯の世界では、名の知られたやきものとして高い評価を受けてきた。その萩焼の名門三輪窯に生まれた三輪休和（十代休雪）は、伝統的な萩焼の技術を継承する一方で、一時期衰退していた茶陶としての萩焼を、茶のゆかしさに適う雅味のあるやきものに育て上げ、今日みられる茶陶萩の隆盛を築き上げた。

休和は、弟である十一代休雪（現、壽雪）とともに、古萩や高麗茶碗の研究に打ち込む中で、三輪窯の伝統であった白萩釉《しらはぎゆう》の改良に取り組み、この水指に見られるそれまでとはまったく質感の異なった純白度の高い「休雪白《きゅうせつじろ》」と呼ばれる白萩釉を完成させた。

轆轤で低く立ち上げた器体を四方から圧《おさ》え、四筋の櫛目《くしめ》を巡らした四方水指《よほうみずさし》には、偶然と思われる釉薬の縮《ちぢ》れや、わずかな緋色《ひいろ》が見られるが、実はすべて休和の手中の創意であり、白萩釉を生かすための必然の造形なのである。作品にはつくり手の人間性が表れるというが、静かな趣のうちに存在感があるこの水指は、温雅な中に強い意志を貫いた休和の姿を映し出しているといえよう。

（唐澤昌宏）

三輪休和（十代休雪）
《萩四方水指》昭和47年

MIWA, Kyuwa (Kyusetsu X)
Shallow water container, Hagi ware
1972 h12.0 w24.7 d25.1

李朝の作風を取り入れた新しい螺鈿

香合《こうごう》とはお香を入れる容器だが、陶磁だけでなく漆や木や金属などさまざまな素材で作られたものが使われる。また、形においても変化に富んでおり、茶席においては楽しみの多い、重要な道具のひとつである。

この《螺鈿亥字香盒《こうごう》》は「木工芸」の分野で最初の人間国宝（重要無形文化財保持者）に認定された黒田辰秋によるものである。黒田は柳宗悦が提唱した民芸運動に共感し、昭和初期、京都で「上賀茂民芸協団」という工芸家の共同体を組織した。その活動は三年ほどで行き詰まり解散したのだが、民芸協団の活動や、柳をはじめ河井寛次郎など、民芸運動の仲間たちとの交友を通じてさまざまな民芸品や過去の作品へと関心を向け、その研究を重ねていくことで独自の作風を確立した。

黒田が注目し、深く傾倒したのは、朝鮮の李朝の木工品であった。李朝には「寿」や「富」など縁起の良い漢字や「卍」を浮き彫りであらわした家具や箱があるが、この香合では干支の「亥」の文字が螺鈿であらわされている。古作には見られない新鮮な感覚にあふれる作品である。

（木田拓也）

黒田辰秋
《螺鈿亥字香盒》昭和10年

KURODA, Tatsuaki
Incense case, *raden* inlay,
" / (character for boar)"
1935　h3.0　D5.8

自然を軽快に描き、秋を演出

本作品は第二十五回日本伝統工芸展に出品された晩年の代表作である。シンプルな筒型の周囲に配されているのは、蜂、こおろぎ、カマキリといった身近な虫たちである。蜂の巣らしきものを肩に担ぐのはこおろぎ。その先にはカマキリが旗振り役を務め、手前には蜂たちが控えている。周囲には金銀の秋草がぐるりとめぐらされ、秋の虫たちのにぎやかな饗宴を華麗に彩る。銀の素地に布目状の溝を細かく刻み、そこへ金、青金、鉛などの薄い金属を嵌《は》め込む繊細な布目象嵌《ぬのめぞうがん》により、見る者を作者の空想の世界に引き込む。「鳥獣戯画」を思わせるユーモラスで軽快な描写は、作者の得意とするところである。

鹿島一谷は、東京都下谷区（現台東区）に一谷光敬の長男として生まれる。高等小学校一年修了後、後藤一乗系の関谷一也、真也父子より彫金《ちょうきん》を、生涯磨くことになる布目象嵌の技法を祖父・二世一谷斎より学んだ。近代工芸家として形と模様の調和を追求し、官展に入選を重ねる。国宝修理を手がけるなどその技法は高く評価され、重要無形文化財保持者に認定された。

飄々とした作風は、晩年の境地を忍ばせる。茶室に秋のひとときの楽しい空間を演出することであろう。

（三上美和）

鹿島一谷
《布目象嵌秋之譜銀水指》昭和53年

KASHIMA, Ikkoku
Water container, "Song of autumn",
inlays in silver ground, gold inlay
1978　h14.5　D14.0

迫力に満ちた荒々しい黄瀬戸

高さ23センチ、径12センチと、それほど大きくないが、ずっしりとした重厚感に満ちた花生である。上と下の部分を別々にろくろで成形し、生乾きの状態でつなぎ合わせて竹の節を表した。木べらで力強く切り込み、引き締まった底部からぐいと立ち上がる姿に迫力がある。

黄瀬戸の技法は桃山時代に遡《さかのぼ》ると言われている。「瀬戸より来たる黄色のやきもの」という意味でこの名称が与えられたが、実際には美濃地方で作られていた。釉薬は灰釉を基本とし、わずかに含まれる鉄分が酸化焼成によって黄色を呈する。

荒川豊蔵の黄瀬戸は、付着物を避けるための匣鉢《さや》と呼ばれる耐火物製の容器のなかに納めず、裸のまま焼成される。ことに花生は火前の強い場所に置かれるため、穴窯《あながま》の内部で生じるさまざまな影響をそのおもてやボディに留める。作り手の意志と予想を超えた現象とのせめぎ合いがそこに刻まれるのである。この花生も激しい炎の勢いが明らかであり、底から口縁まで走るひび割れとともに、荒々しくも悠然とした存在感を示している。

（今井陽子）

荒川豊蔵
《黄瀬戸竹花生》昭和35年

ARAKAWA, Toyozo
Flower vase, bamboo design, *kizeto* type
1960　h23.0　D12.0

蒔絵に映された江戸の残照

松竹梅文様の会席椀である。自筆の箱書により、本来二十客一揃であったことが分る。飯椀《めしわん》は汁椀《しるわん》よりやや大きく、材質、塗りを必ず一対とする両椀（飯椀と汁椀）の約束に従う。身、蓋とも腰から縁にかけて垂直に立ち上がるすっきりとした形である。

艶消し気味の黒漆の地に、松竹梅の吉祥文様がさらりと描かれる。漆本来の艶を敢えて控えた地に黒漆で描く、いわゆる黒漆絵の手法。つややかな黒漆の盛り上げによる「漆黒」文様が浮かび上がるさまは、まことに瀟洒である。

明治前期の殖産興業政策の下、漆芸品は輸出工芸の花形であった。松民は江戸日本橋の金具師の子として生まれ、著名な蒔絵師、中山胡民に弟子入りし二十三歳の時、浅草で独立。フィラデルフィア万博、内国勧業博覧会などで受賞を重ねる。当時盛んだった古典的名品の模造にも卓越した技能を示した。四十代で早世、作品が散逸したこともあり、現在ほとんど知られていないが、明治期の東都を代表する蒔絵師の一人だった。

箱書はまた、注文による制作であることも伝える。あでやかな輸出漆器と一線を画す本作品には、江戸趣味の粋人の美意識も映されているかのようである。（三上美和）

小川松民
《松竹梅漆画会席飯汁椀》明治14年

OGAWA, Shomin
Rice bowls and soup bowls,
pine, bamboo and plum tree design 1881
each rice bowl: h10.0 D12.9; soup bowl: h7.5 D12.3

唐物漆器の重厚さを受け継ぐ

香を入れる蓋付きの容器である香合は、香の用法や時代によって形がさまざまに変化する。茶の湯で用いられる香合もまた、形・素材とも茶道具のなかで最もバリエーションに富んだ分野である。なかでも鎌倉・室町時代以降に使用されるようになった小振りの合子形香合は、当時流行していた唐物趣味の影響もあって、漆を何層にも塗り重ねて、これに模様を彫り表す、剔紅《てきこう》（日本では堆朱《ついしゅ》）、剔黒《てきこく》（堆黒《ついこく》）、桂昌、彫彩漆（紅花緑葉《こうかりょくよう》）などの各種の彫漆技法を用いた漆器によるものがとりわけ珍重された。室町時代の堆朱彫の名工・堆朱楊成は、こうした唐物珍重の風潮のなかで一家をなし、代々、足利、豊臣、徳川の各将軍家に仕えた。明治維新で一時廃業したが、十九代が復興した。

二十代堆朱楊成（豊五郎）によるこの香合では、朱、黒、緑色の漆で楓《かえで》の葉が巧みに表され、力強く男性的な彫目が、彫漆の重厚感をいっそう引き立てている。地に黄色の漆面を出し、その他の色で細部を装飾する手法は、紅花緑葉の過去の作例をふまえたものであろう。中世以来の唐物趣味の趣向を色濃く受け継いだ一品である。（北村仁美）

二十代 堆朱楊成
《青楓雉子香合》明治45年

TSUISHU, Yozei XX
Incense case,
pheasant and mapletree design, *tsuishitsu*
1912 h3.0 w8.0 d8.0

古典の美と創造性を備えた茶器

古典研究に執着した松田権六だが、この箱書には〝棗《なつめ》〟としてある。いわゆる棗形の薄茶器ではなく、胴をやや細めた寸胴《ずんどう》形で、中次《なかつぎ》の合口《あいくち》をかなり上方に引き上げた茶器のようにも思える。古典の優美さをうかがわせながら劇的な意匠効果を図る松田は、ここでも蓋甲盛りのゆるやかな曲面に蒔絵の松枝と螺鈿の桜花を際立たせて、身の方の整然と配されたそれらと対照的である。

裏に彩色を施した薄い夜光貝の割貝螺鈿による桜花と、それを覆うように粗めの金粉蒔絵で松枝が表され、花芯と松毬・穂芯とは金平文《ひょうもん》である。金の硬軟の光沢と貝の柔らかさとが融合して表現効果を高めながら、古典的なモチーフに創意ある味わいを与えている。そして銀の四角い金貝を風に舞わせて、その浮立ちそうな主題に落ち着きと風趣の豊かさを留めている。

ちなみに、常に茶器に対して松田が意図し茶席での使い勝手に配慮したとおり、蓋の松枝と桜花の文様と身のそれはいずれの合わせ位置でもマッチするデザインとなっている。

松田権六は、伝統漆芸において多種多彩な技法や表現を今日の創造芸術としたが、この茶器においても遺憾なく古典味と現代性を明らかにしている。

（諸山正則）

松田権六
《蒔絵松桜文棗》昭和44年

MATSUDA, Gonroku
Tea caddy,
pine and cherry blossom design, *maki-e*
1969　h7.6　D7.6

独自の釉調で新しい青瓷を

青磁（青瓷）には一口で語ることの出来ない広がりと奥の深さがある。本歌は中国にあるが、陶芸の世界では、個人作家としての制作が始まったころから強い関心が寄せられ、多くの作家が研究を重ねてきた。

愛知県瀬戸に生まれ育った岡部嶺男は、はじめは地元の伝統技法に基づく、織部・志野・灰釉・鉄釉などの作品を制作し、独自性の強い作風で高い評価を得た。その後、意欲的な作陶姿勢は青瓷の研究へと向けられ、透明感ある釉調と青緑の釉色が美しい翠青瓷、しっとりとした艶のある不透明な釉調の粉青瓷、そして、誰もが為し得なかった米色青瓷など、次々に「嶺男青瓷」と呼ばれる極めて格調の高い作品を生み出した。

本茶碗は、本来なら青緑色の釉色となる翠青瓷か粉青瓷が、窯変によりやや灰色がかった釉色を呈したことから「灰青瓷」と名付けられている。また、釉に見られるひび割れ（貫入《かんにゅう》）も見どころで、表面に現れたものと、途中で止まって表面まではいたっていないものとがあることから、二重貫入と呼ばれている。岡部の青瓷作品に見られるこのような複雑な貫入はとくに名高く、その美しさは本歌を凌ぐ独自性を感じさせる。（唐澤昌宏）

岡部嶺男
《灰青瓷盌》昭和52年

OKABE, Mineo
Bowl, celadon　1977　h8.7　D14.6

端正な容姿が際立つ茶入

茶入《ちゃいれ》は手のひらにのるほどの小さな壺だが、茶道具のなかでは鑑賞の対象として、古くから珍重されてきた。

山本陶秀は古くからやきものの産地としてさかえてきた備《び》前《ぜん》に生まれ、十五歳のときから作陶の道に入った。以後八十年近くにわたって、備前焼の制作に取り組み、ロクロの名手として高い評価を確立した。その得意のロクロの技を生かして、てらいのない茶入、水指、花入などを制作し、一九八七（昭和六十二）年には、備前焼の人間国宝に認定されている。

備前焼の茶陶といえば、桃山時代の古備前に見られるように、無造作にゆがみを加えた花入や水指などの印象が強烈である。近代の備前焼の陶芸家の多くは、桃山時代の古備前《こびぜん》に憧れを抱き、作為的な茶陶を制作してきたのだが、山本陶秀の作品では、むしろそうしたわざとらしさのない、端正な姿がかえって新鮮に感じられる。

（木田拓也）

山本陶秀
《肩衝茶入》昭和61年

YAMAMOTO, Toshu
Tea caddy, Bizen ware, *katatsuki* type
1986　h7.9　D7.6

瞬間に込めた創意の集積

浜田作品によく見られる鉄釉による草文が、走り書きのような素早い筆致で描かれている。茶碗の腰から下は直線的で、やや高めの高台《こうだい》もすっくと立ち上がる。高台はざっくりと削り出され、削り跡から一気に仕上げられた様子がうかがわれる。内側のラインを無視した分、底部に土が多く削り残され、手に持つと若干重みが感じられる。見込みは自然な丸みを帯び、茶溜《ちゃだま》りが軽く付けられている他には、ほとんど手が加えられていない。

洗練された形から受けるやや硬質な印象は、無造作に塗られた柔らかな鼠とクリーム色によりやわらげられている。やや波打ったような二色の境界線が、直線的な造形と対照的である。化粧掛けは本来、黒い土を白くする技法であるが、この作品のように、白い土に鉄分の多い土を化粧掛けして、逆に地色を濃くする手法も作者は好んで用いた。

民芸の美を提唱した柳宗悦と共に歩んだ浜田は、各地に残る古い陶器をこよなく愛し、それらから滋養を得て制作を続け、一九五五（昭和三十）年、「民芸陶器」の技術で重要無形文化財保持者（人間国宝）に認定された。初めて茶碗を作ったのは三十代初め、一番好きなのは高麗茶碗、いずれ楽焼も試みたいと抱負を語ったのは七十七歳の時。大皿など大作で知られるが、茶碗も大切なテーマの一つであった。（三上美和）

浜田庄司
《地掛鉄絵草文茶碗》昭和36年

HAMADA, Shoji
Tea bowl, grass design,
underglaze brown, *tetsu-e*
1961　h11.0　D12.0

竹の本性を熟知した造形

茶道と竹との結びつきは深い。竹は茶杓《ちゃしゃく》として、あるいは花入として、茶席に会す人の目と手に心地よい刺激をもたらしてくれる。白竹の清々しさ、煤《すす》竹《だけ》や紫竹《しちく》の深い味わいもまた、茶室の陰影にすっと溶け込みながら、他に換えがたい存在感を放つ。

ところでこの作品の迫力はどうだろう。いかにも荒々しく、バリバリと音が鳴り立つばかりの勢いがみなぎっている。竹に具《そな》わる強靭なまでの弾性を籠の形式と編み技法の下に治めた生野祥雲斎の意志は、虎の圏《おり》にて虎を見据え、ついにその動きを封じた故事を想い起こさせる。それだけの緊張感をかたちにしつつ、破格とならないところが実に見事である。

この作品、そしてこれと対極にあるかのように見える同じ作者の《白竹一重切華入 くいな笛》(p88)は、ともに竹という素材の本性を熟知し、敬虔な態度を示してなお、そこに寄りかからずに人工物として屹立させようとする造形の営みに沿ったものである。その願いにも似た祥雲斎の取組みは次の言葉に凝縮されている。「幸いにして新しい生命を生み出し得た時こそ、器といわれ、また芸術品といえるかもしれない」。

(今井陽子)

生野祥雲斎
《虎圏》昭和34年

SHONO, Shounsai
Koken (tigar cage)
1959 h50.0 w110.0 d64.0

彫金の伝統を幾何学模様に投影

金森映井智（本名、榮一）が生を受け、生涯その地を離れることなく制作を続けた高岡は、江戸時代より鋳物《いもの》や彫物の生産が行われてきた土地である。とくに明治期になると、殖産興業のもと、花器などに金、銀、赤銅《しゃくどう》、四分一《しぶいち》など多くの色金を象嵌して、花鳥や人物などを色彩豊かに表した精巧な作品が制作され、技術のレベルも大いに高まった。金森の仕事も、高岡のこうした歴史的文脈と無縁ではない。

《象嵌鋳銅花器》は、煮上げて素地を黒めた楕円形の青銅を、金、銀の平象嵌や布目象嵌といった各種の彫金技法で加飾したもの。幾筋もの細い銀線を並行に回し、そこへ、金の撚線、金・銀箔の布目象嵌を用いて、大きくうねる曲線を描き出している。布目象嵌による金、銀の帯状の曲線は、素地から少し浮き出させた高肉象嵌で縁取られ、いっそう力強く、目を引く。布目象嵌の部分は、鏨《たがね》による線の粗密を変えることによって表面の質感に変化をつけて、味わい深い趣を残している。

常々、花が主役の花器に花や植物などの意匠は不似合いと考えていた金森は、幾何学模様と器のフォルムの融合を徹底して探究した作家である。

（北村仁美）

金森映井智
《象嵌鋳銅花器》平成4年

KANAMORI, Eiichi
Vase, inlaid cast bronze
1992 h25.7 w22.0 d18.2

生命の煌めきを鮮烈な意匠に

瑞々《みずみず》しく清涼な季節感を誘うとくさ（木賊）は、観賞用の庭草としてよく好まれる。深緑色の茎が直立して密生し、先端には新芽が伸び上がる。縦の細い溝がある茎には節があり、鞘《さや》のような葉がついて特異な姿をした植物である。しかしこと工芸では身近なもので、和名を砥草というとおり硬い研磨材料であり、乾燥させた茎を開き紙やすりのようにして素地の仕上げ研ぎなどに用いたりする。

田口善国は、普段にごく身近な小動物や植物への情愛を傾け、生命の煌《きら》めきや生長の瞬間を注視して、ハッとするほどの清冽な工芸図案へと昇華させた。この水指では、金蒔絵で直立するとくさをぐるりと全面に配して地模様としている。正面と裏正面とには、裏彩色し細く切って貼った夜光貝による青緑色の輝きのなか、窓のような黒漆地に金銀の蒔絵粉で初々しく伸びやかな新芽のとくさが浮かび上がっている。田口ならではの簡明かつ鮮烈なデザイン構成であるが、蒔絵と貝螺鈿の巧妙な技法をさらりと駆使し、水指という実用の形体の意匠として実に繊細な配慮と華やかな色彩の意識とをうかがわせている。

（諸山正則）

田口善国
《とくさ蒔絵切貝水指》昭和59年

TAGUCHI, Yoshikuni
Water container, *tokusa* design, *maki-e*, *raden* inlay
1984 h15.6 D16.0

和銑の復活による現代の茶の湯釜

わずかに膨らみを持った胴部を見せる、実に簡素にまとめられた釜である。膚《はだ》は縮緬《ちりめん》膚を意識したかのようにやや荒い挽膚《ひきはだ》で、一見、無文に見えるが、細い若竹を象った鐶付《かんつき》を囲むようにして篦《へら》押しによる竹文が静かに描かれている。全体がシンプルなゆえに茶の湯釜の見どころとなる、姿、膚、鐶付に自然に目が留まり、控え目ながらも作者の周到さが伝わってくる。

初代長野垤志は、芦屋釜や天命釜をはじめとする古釜を深く研究するなかで、「時代に即応できる釜」の創作に邁進した。その第一歩が、明治以後に伝えられた洋銑《ようずく》によって途絶えた和銑《わずく》による鋳造技術の習得であり、次に形と文様の組み立て、さらには膚づくりや篦押しなどによる装飾技法の多様化と個の表現の確立であった。

この《竹文姥口釜《うばぐち》》は、和銑による制作が軌道に乗り、次々と現代の釜としての様々なバリエーションを世に問い出した頃につくられた。姥口に一文字蓋を載せて、ほぼ真一文字にした上部と、緩やかな曲線を見せる底部との対比は、口と底で器体をまとめようとしたこの頃の形姿の特徴を見せている。茶事を催すことを、釜をかけるというが、初代垤志の釜は静かな中にも趣があり、一席の主人の代わりとなる風格を感じさせる。（唐澤昌宏）

初代 長野垤志
《竹文姥口釜》昭和36年

NAGANO, Tesshi I
Tea kettle in the "sunken mouth" style
with bamboo-shaped ring handles
1961　h20.9　D19.2

相反する技法で生まれる色彩の美

ルーシー・リーは、二十世紀のイギリスを代表する女性の陶芸家である。オーストリアのウィーン生まれだが、ユダヤ人であった彼女はナチスから逃れるために一九三八年に渡英し、以後、ロンドンを拠点として活動した。

おそらく、中国の宋の時代の天目茶碗からヒントを得たのではないかと思われるが、ルーシー・リーは、この作品のように、口を大きく広げ、腰の部分を細く絞った形の鉢を数多く手掛けている。すっきりとした立ち上がりとシャープな口縁の形が印象的である。

鉢の外側には、白色の素地に茶色の細い線が象嵌であらわされている。それとは対照的に、鉢の内側には、金属を思わせるような質感のマンガン釉がかけられ、掻《か》き落としによって、下地の白色の細い線があらわされている。象嵌と掻き落としという、相反する技法をひとつの器の外側と内側に併用することにより、白色と茶色が対照的にあらわされているのである。シンプルだが、緊密な空間を感じさせる作品といえるであろう。

（木田拓也）

ルーシー・リー
《マンガン釉線文碗》昭和45年頃

RIE, Lucie
Footed bowl with radiating sgraffito with manganese
c.1970　h8.3　D17.4
Estate of the artist

視覚と触覚に訴える巧みな演出

胴がわずかに締まり、甲から合口、合口から底へと描く曲線が目に快く、また触覚にも強く訴える作品である。積層する帯状の黒は、中次のボディを形成する曲輪であり、木端に塗った朱が覗《のぞ》いて、小気味よいリズムを刻んでいる。

赤地友哉は、最初は金沢の塗師・新保《しんぼ》幸次郎、後に東京の五代目渡辺喜三郎の下で修養を重ね、独立後も茶道具を中心に髹漆《きゅうしつ》に従事していた。ところが、展覧会に出品するようになった五十代になって、信頼していた挽物《ひきもの》師《し》が他界してしまい、生家の仕事であった曲輪造りを器胎とするようになったのである。それは「挽物より狂いの少ない工法で素地を作りたい」という気持ちから発したものであったが、構造と装飾性とが見事に一体化した赤地の作風が評判を呼び、一九七四(昭和四十九)年重要無形文化財「髹漆」の保持者に認定された。

本作の黒と朱の組合せによる意匠は、中次としての機能的形態ともども確かな伝統に立脚したもの。それがなんともモダンに見えるのは、時代や形式を超えた美の在り方を、作者の研ぎ澄まされた感覚と技とが導き出したためかもしれない。手にとって傾けた途端、木口の片側にだけ蒔かれた金がさっと光を放つ。茶室という空間、道具を賞玩するひとの心理を巧みに捉えた演出である。(今井陽子)

赤地友哉
《曲輪造彩漆中次》昭和48年

AKAJI, Yusai
Tea caddy, *magewa*, painted in colored lacquer
1973　h6.9　D7.5

極限の造形美に詩情を秘めて

シンプルな形、朧銀《ろうぎん》特有の色調と相まって、モダンでやや硬質な印象を与える本作品は、生涯、形と素材の美しさを極限まで追求した作者の作風の特徴をよく表している。一方、竹に水の滴《したた》る様子を詩にたとえた「落水《らくすい》賦《ふ》」のタイトルには、作者の叙情性も感じられる。

銀と銅の合金である朧銀を鋳型に流し込んで作られる鋳金《ちゅうきん》の技法が用いられている。竹を素材とする花入の形として古くから伝わる「寸胴切《ずんどぎり》」をヒントにしており、ここに、伝統の再生という近代美術家の多くが選んだ道筋を読み取ることも出来る。

高村豊周は、近代彫刻の先駆者として名高い高村光雲を父に、また詩人で彫刻家の高村光太郎を兄に持つというユニークな環境に育つ。東京美術学校（現東京藝術大学）に進み、母校の助教授であった時、仲間と芸術家グループ「无型《むけい》」を結成するなど、近代工芸の新しい潮流に進んで身を置き、前衛的な造形を追求していく。晩年にはその功績が認められ、鋳金の技法で重要無形文化財（人間国宝）にも認定されている。作者はまた優れた文章家としても知られ、多くの名随筆も残した。それは当時の工芸界・美術界の様相を伝える貴重な資料ともなっている。

（三上美和）

高村豊周
《朧銀花入 落水賦》昭和40年

TAKAMURA, Toyochika
Cylindrical vase, "Waterfall Etude", *rogin*
1965 h36.7 D6.8

土地の素材と作家の技が融合

荒川豊蔵は、桃山時代に美濃地方で焼造されたやきもの、志野に魅せられて作陶を始め、その素材や技法の解明を通して作域を広げ、しだいに独自の世界をつくり出していった。若いころには画家を志したこともあり、その後も絵画に捧げた情熱を絶やすことなく、手漉《てす》きの美濃紙を綴じた写生帖と矢立《やたて》、大小さまざまな筆を携えては写生旅行によく出掛けたという。

晩年、古窯跡を写生し、その姿を後世に残そうとした荒川は、古くから交流のあった信楽《しがらき》・丹波・備前・萩・唐津の五窯に赴いている。とくにこの五窯歴遊では、その土地の土と釉薬、窯に心惹かれ、いつの間にか作陶にも力を注いだといい、日ごろ使っている素材では味わえない感動を作品に込めようとした。

なかでも信楽は、作陶を始めて間もない一九三九（昭和十四）年に、古窯跡の調査のため初めて訪れた際、高橋楽斎《らくさい》の窯で作陶した経験から、その後も交流を続けて、素材と薪窯焼成の魅力を引き出す手法の研究を重ねてきた。一九七七（昭和五十二）年一月の歴遊では、この《信楽水指》を始め数点の作品を制作し、荒川の技とその土地ならではのやきものとが融合した陶の世界をつくり上げ、地元の作家たちをうならしたと伝えられる。（唐澤昌宏）

荒川豊蔵
《信楽水指》昭和52年

ARAKAWA, Toyozo
Water container, *shigaraki* type
1977　h19.8　D19.6

桃山時代の精神を漆の椀に再現

松田権六による六客組のこの椀は、ひときわ高い高台《こうだい》が特徴である。全体に大きめに作られているそのかたちは、松田がいうところのいわゆる「桃山スタイル」にのっとったもの。桃山時代を、機能よりも遊びを重視した時代と位置づける松田は、料理を美しく演出するこの椀のかたちに桃山時代の精神を見ていた。熱い物を入れることが多いから、楽に手が入って持ちやすいようにと、かたちの美しさに加えて機能性についても言及する点は、いかにも松田らしい。掌におさめると、漆という素材特有のしっとりとしたやわらかさが伝わってくる。本作は、漆絵で梅花文が片身替わりで散らされ、とりわけ華やかな雰囲気を醸し出している。

戦前、松田は膨大な数に及ぶ古い椀を研究しその成果を『時代椀大観』（一九三九年、寶雲舎）という書物にまとめた。こうした調査研究にもとづき、戦後、考えぬかれた素材と手法で本格的に椀づくりに取り組んだ。その背景には、長い歴史を通して日本人の生活に密着した漆器は椀である、という松田の強い信念があった。

（北村仁美）

松田権六
《漆絵梅文椀》昭和41年

MATSUDA, Gonroku
Bowls, plum blossom design,
colored lacquer painting
1966　each h10.8 D12.8

使うほどに雅味を増す肥松の器

松材は、丈夫さに加えて明瞭な木目が醸し出す清風の雅趣と独特の味わいがあり、さまざまな茶器に用いられてきた。茶《ちゃ》箱《ばこ》や煙草盆《たばこぼん》などもあるが、木目の硬さと軟らかさが交互し、指《さし》物《もの》よりも刳物《くりもの》や挽物《ひきもの》に重宝なようである。なかでも瀬戸内の樹齢数百年に及ぶ肥松《こえまつ》材は、桐や桑と同様に年月を経るに従って大いに風合いを増し、特有の明るい褐色が深まって曙色《あけぼの》の優美となる。松脂《まつやに》が吹き出すほどの器は、手入れと使い重ねによって油分がしっとりと木地に浸潤し、透明感と、茜色《あかねいろ》の美しさを披露する。

この盛器には、まっすぐに素直な年輪が実に細かく美しい縞をあらわした、傑出の肥松材が用いられている。当初は轆《ろく》轤《ろ》の冴えたわざが生み出した軽妙な印象であったが、今では褐色の雅味を深めて美しく、淡麗さをうかがわせている。

高松の有岡良益は、精力的に活動して戦後のクラフト運動をリードしてきた。なかでも、今日枯渇しつつある瀬戸内の肥松の優良材を確保し、杯や茶托のような小品から重量感のある大鉢まで、日用の器物に卓越した挽きのわざと軽妙な感性を発揮し続けた。

（諸山正則）

有岡良益
《肥松盛鉢》平成7年

ARIOKA, Ryoeki
Bowls, *koematsu* (pine wood)
1995 h5.5 D32.3; h5.1 D33.0

優しさを生み出す金工技法の妙

身と蓋が、ともに銀の板を曲げて四隅を接合しただけの、実にシンプルな構造の小筥《こばこ》である。上面や側面の文様は、裏側から打ち出して表現されており、やや曖昧さの残る膨らみが筥の丸みのあるラインと相俟《あいま》って優しさを醸し出している。

金属による工芸作品は、金属特有のさまざまな性質を生かしながら制作されるが、技法的には鋳金、鍛金、彫金に大別できる。作者の内藤四郎は、彫金で重要無形文化財保持者に認定された金工家で、楔《くさび》形の鏨痕を連続して刻みながら文様を表す蹴彫《けぼり》と呼ばれる技法や、小さな粒状の鏨痕を隙間なく寄せて打ち、魚の卵のような独特の効果を出す魚々子《ななこ》打ちの技法を得意とした。

しかしこの作品では、そうした彫金の技法ではなく、あえて鍛金の技法を用いることで、彫金では表現できない心地いい揺らぎと柔らかい肌合いをつくり出している。また、筥の内側には黒柿の板材が貼られており、蓋を開けたときの素材と色彩の対比も見事に計算されている。

香を入れる蓋付の器として、作ゆきや素材などが茶道具の中でも最も多くの種類があるといわれる香合は、昔から使う側の見立てによってその広がりを楽しんできた器でもある。一辺が5センチほどのこの小筥も、そうした出合いを感じさせる器のひとつである。

（唐澤昌宏）

内藤四郎
《草文銀小筥》昭和58年

NAITO, Shiro
Small box with the motif of plants
1983　h4.0　w4.7　d4.9

端整な水指に、作家の高い見識を見る

上がわずかにすぼまった円筒型の水指。マットな乳白色の釉薬が蓋の摘みまで余すところなく包み込み、面を取ったフォルムに穏やかさをもたらしている。対照的に、勢いある菊の茎や葉の描線は動感を呼び起こし、ラフに塗られた菱型のパターンが刻むリズムが植物文と交互にみえるのも面白い。底部をグイと持ち上げる高台《こうだい》が端整な佇まいに力強さと軽やかさを具《そな》えさせ、装飾と質感の異なる傾向を調和へと導く。底と胴との境界を示すような文様の効果も見逃せない。白場を引締め、そこに単なる余白以上の豊かなニュアンスを与えている。

緻密な計算を諸所に配しながら全体として見ると窮屈さを感じさせず、凛としたなかに温かみあるこの水指は、「色絵磁器」で重要無形文化財保持者に認定された加藤土師萌晩年の一点。加藤は生涯真摯に陶芸と向き合い、その才能と見識に高い評価を得てなお「マジメさん」と呼ばれる努力家であったという。色絵磁器だけでなく黄地紅彩、金襴手、釉裏《ゆうり》金彩、織部、備前などあらゆる技法に挑み続けた。その理由として、そうしなければ「陶芸の本質を知ることも出来ず、結論が出ない」と答えたのもこの作家らしいエピソードとして伝えられている。（今井陽子）

加藤土師萌
《色絵金彩菊文水指》昭和39年

KATO, Hajime
Water container, chrysanthemum design,
overglaze enamels and gold
1964 h19.7 D17.5

漆の層で花の姿を鮮やかに表現

　音丸耕堂は、香川漆器の産地、高松に生まれ、大正時代はじめに彫漆の技法による制作に取り組んだ漆芸家である。以来、一九九七（平成九）年に九十九歳で亡くなるまで、長い間にわたって彫漆の第一人者として活躍した。一九五五（昭和三十）年には重要無形文化財保持者に認定されている。

　彫漆とは漆を幾層にも厚く塗り重ね、その一部を削り取ることによって、模様をあらわす技法である。中国の宋や元の時代に作られるようになり、朱漆を塗り重ねたものを堆朱《ついしゅ》、黒漆を塗り重ねたものを堆黒《ついこく》と呼んでいる。やがて工夫が重ねられ、朱色と緑色の漆を交互に塗り重ね、花の模様を朱色の層で、葉の模様を緑色の層であらわした「紅花緑葉《こうかりょくよう》」と呼ばれるものも作り出されるようになった。さらに近代になって色漆の開発がすすむと、色漆を幾層にも塗り重ねた色鮮やかな彫漆作品が制作されるようになった。

　この茶器は音丸耕堂九十六歳のときの作品である。一枚一枚の花びらが規則的に折り重なりながら、茶器の表面全体に展開していく様子は、まさに、大輪の紫陽花《あじさい》の花を思わせる。

（木田拓也）

音丸耕堂
《彫漆紫陽花茶器》平成6年

OTOMARU, Kodo
Tea caddy, hydrangea design, *choshitsu*
1994　h6.0　D9.6

竹の美と造形の融合

戦後の一時期、竹工芸家の生野祥雲斎は、波や炎といった、動きがあって捉えにくい対象をモチーフとして制作に取り組んだことがあった。このなかで代表作となる、《怒濤《どとう》》(一九五六年)、《炎》(一九五七年)、《陽炎《かげろう》》(一九五八年)といった一連の作品が生まれた。生野自身、「いわゆる彫刻的な試み」と語っているように、それは竹工芸の可能性を広げようとする孤高で果敢な挑戦であった。竹という素材のもつ美をフォルムとテーマのなかに見事に融合させ、既存の概念を打ち破るような作域を開拓し、その後一九六七(昭和四十二)年には竹工芸家としては初めて重要無形文化財保持者の認定を受けた。

《紫竹《しちく》まがき華籃《はなかご》》は認定の翌年に発表された大作である。漆仕上げされた紫竹(俗にいう黒竹)が、把手《とって》と口まわりの端正な編みともあいまって、全体にどっしりとした重厚感を与えている。一方で、さまざまな間隔で隙間があけられている上部は、まっすぐな竹ひごの線の美しさを際立たせ、清涼感に溢れる。極限を突き詰めた後の充足感が満ちた、近代の竹工芸の金字塔とも言うべき作品である。

(北村仁美)

生野祥雲斎
《紫竹まがき華籃》昭和43年

SHONO, Shounsai
Flower basket, "*Magaki* (fence)"
1968 h32.0 w44.0 d31.0

簡明な造形に冴える卓越した技

ふっくらとした胴から円錐《えんすい》状に立ち上がったシンプルな形態は、朧銀《ろうぎん》独特の柔和な地肌の美しさをいっそう引き立たせている。

銅と銀の合金から成る朧銀は、結晶が油滴《ゆてき》状に、いわば朧《おぼろ》に表れるのを特徴とする。四分一《しぶいち》とも称され、素地は渋い銀灰色を呈する。型鋳造は、銅や銀などの合金を溶かして型に鋳込む鋳金技法である。

齋藤明は東京に生まれ、新潟県佐渡出身で型鋳造の名手だったという父親の下で一九三五（昭和十）年修業に入り、型鋳造を始めさまざまな伝統技法を習得した。戦後、疎開先の新潟県柏崎から東京に戻って中野で工房を構え、鋳金家高村豊《とよ》周《ちか》と知り合う。一九七二年の高村の死去までの二十三年間、高村鋳金工房の制作主任として多くの鋳造を担い、弟子として指導を受けた。高村の死後、花器や壺の形態の源流を求め、毎年のようにシルクロードや中近東、中国、ヨーロッパ各地を訪ねて主題を見出し、得意とする朧銀、朱銅などによる熟達した鋳造作品を制作。一九七二年、日展を退会して日本伝統工芸展へと転じ、第二十二回展に初入選、一九九三（平成五）年、重要無形文化財「鋳金」の保持者の認定を受けた。成型から鋳込みに至る高度な技術を駆使し、簡明で端整な造形による清新な作風で、独自の境地を拓いている。（三上美和）

齋藤 明
《蠟型朧銀花器》昭和62年

SAITO, Akira
Flower vase, *rogin*, lost-wax casting
1987　h22.0 D22.0

カットの技法による穏やかな清涼感

夏に涼感を誘うガラス器なのであろうが、この切子《きりこ》の鉢は少々趣向が異質である。江戸切子の古典調やいわゆる透明感とか色被せには依らず、あえてカットのみによっている。摺《す》りガラスをとおしたやわらかな光のうつろいをみせ、和調の感覚を表して清々しい気品をうかがわせている。とりあわせの陶磁器や塗器のなかに、一服の穏やかな清涼感をもたらすものであろう。

このクリスタルの大鉢と小鉢六客のセットは、日本伝統工芸展で十回目にして初めて受賞を果たし得たガラス作品であった。江戸時代後期のカット（切子）の優れた伝統を継承した小林菊一郎が、ただの一度だけその絶妙なわざを公開したものである。大鉢は、高さ12・1、口径21・5、厚さ約1・0センチのガラスを胎にして、弧を描いて放射状に広がる、深い五十四本のカット線で飾った作品である。下から上へ、小から大へとカットで表されたうろこ文（矢来文《やらいもん》）が整然とゆったりとした広がりをみせ、内面から、見る角度によっては艶消しのうろこ文が四角や三角へと光を反射して美しさを増している。口縁面はカットされ、細い金線で華やかさが彩られている。

（諸山正則）

小林菊一郎
《うろこ文切子鉢、小鉢》昭和38年

KOBAYASHI, Kikuichiro
Cut glass bowls, *uroko* (scale) design
1963　h12.1　D21.5; h4.5　D11.5

伝統の土味を独自の造形に生かす

萩焼は創始以来、約四百年の長きに渡り、茶の湯で使う茶陶を制作してきた。その作品の形成に重要な役割を担ってきたのが、大道土《だいどうつち》、金峯土《みたけつち》、見島土《みしまつち》と呼ばれる独特の土であり、それらの割合が質感や造形を大きく左右するのである。

三輪壽雪は、一九八三(昭和五十八)年に人間国宝に認定されて以降、七十五歳を過ぎたころから、大道土の精製で出た粗砂を素地土に混ぜた「鬼萩《おにはぎ》」に本格的に取り組むとともに、萩焼に新境地をもたらした純白の釉薬「休雪白《きゅうせつじろ》」と、黒褐色に発色する見島土の表現にも磨きをかけてきた。その後、茶碗の見所となる高台に、萩焼伝統の「割高台《わりこうだい》」のスタイルを取り入れて、荒々しい土味と白い縮れた釉肌、大きく迫力ある高台とを見事に融合させた「鬼萩割高台茶碗」という独自の作風を確立した。

ところが、壽雪が鬼萩を意識するようになったのは、本格的に出品活動を始めた一九五〇年代後半にまで溯《さかのぼ》る。約三十年もの間、自身の意識の中に置き、「自分の代になったら、これぞ鬼萩というものをつくってみよう」と、その想いを温めてきた。二〇〇六(平成十八)年五月に窯出しされたこの茶碗には、萩焼の伝統を継承しながらも古典の真似で終わろうとしない壽雪の強い意志が映し出されているのである。

(唐澤昌宏)

三輪壽雪(十一代休雪)
《鬼萩割高台茶碗》平成18年

MIWA, Jusetsu (Kyusetsu XI)
Tea bowl with noticed foot, Hagi ware, *Oni-hagi* type
2006 h11.0 w16.5 d15.4

想像の世界を広げる巧みな図案構成

「雪吹《ふぶき》」は薄茶器の形のひとつで、蓋と身の角を大きく面取りしたものを指す。「吹雪のために咫尺《しせき》を弁せず」、つまり、大降りで天地も分からないといったところから、字もろともひっくり返されて「雪吹」。ここでは甲に飛翔する雀が二羽、撥鏤《ばちる》（象牙を染めて文様を彫りだしたもの）で置かれている。硬質な材を用いた数センチ程度の小さなモチーフではあるが、様式化のうちにも躍動的な鳥の姿が思い起こされる。それが暗色の地に蒔かれた金粉を背景に、ポッとあらわれ出たかのようで、なんともいえず効果的である。

　手に取ると、指先に、あるいはてのひらに、わずかな凹凸を感じる。遠目には単色かとみえた地に、レリーフ状の竹葉文が黒漆で施されているのである。目を凝らし、角度を変えて眺めれば、伸びやかに描かれた竹の葉が、光沢と陰影を同時に連れて浮かび上がる。雀たちが飛び立ったのは、竹藪の巣からであったのか。高さ8センチに満たない器のなかで異なるモチーフが繋がって、想像の域は掌《たなごころ》を出てより広い世界へと展開する。平面から立体、サイズ、色彩、質感等々、さまざまな要素が有機的に連関し、「毎日一案」をモットーに作者が取り組んでいた「図案」の意味が、あらゆる感覚を通して伝わる一点。（今井陽子）

松田権六
《蒔絵撥鏤双雀文雪吹》昭和37年

MATSUDA, Gonroku
Tea caddy, paired sparrow design,
bachiru inlay and *maki-e*
1962　h7.8　D7.7

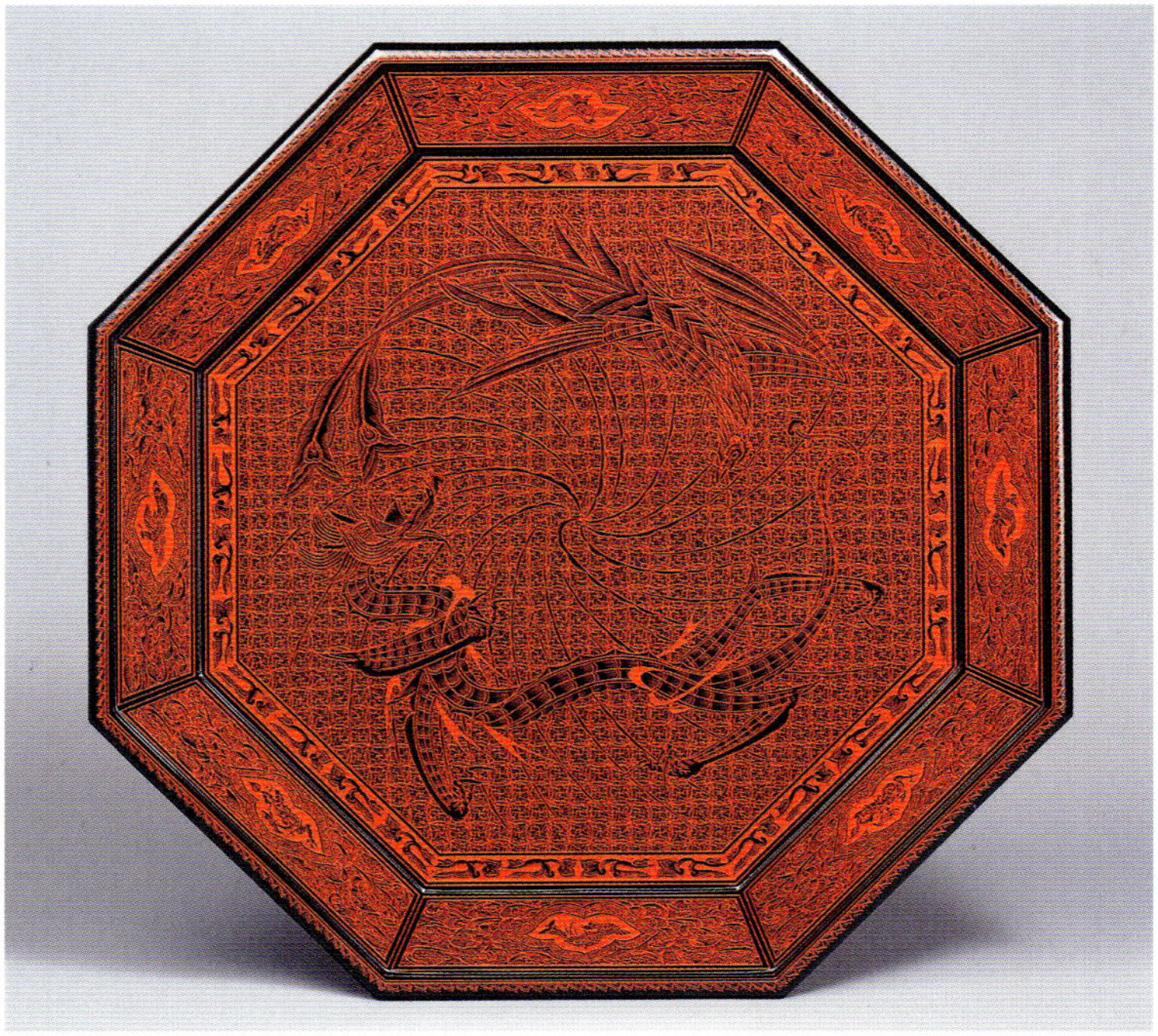

緻密な彫りで深遠なモチーフを表現

　磯井如真は、特定の師匠につくことなく、江戸時代末期に高松藩の漆彫司として活躍した玉楮象谷《たまかじぞうこく》（一八〇六―六九）を心の師と仰ぎ、遺された作品を通じて漆芸技法の研究を重ねて腕を磨いた。如真は彫漆も手がけたが、蒟醤《きんま》の技法で重要無形文化財保持者（人間国宝）の認定を受けてからは、とりわけ蒟醤の技法による制作に腕をふるうようになった。蒟醤とは、漆を塗った表面に彫刻刀で模様を彫り、その窪みに色漆を埋めて模様を表す漆の装飾技法である。もともとは中国の南方から東南アジアにかけての地域で行われていた技法だが、江戸時代に象谷が蒟醤の技法を導入して以来、高松でも盛んに行われるようになった。

　この作品では、龍と鳳凰が対となるように対照的に配置されている。如真はこの作品について、龍と鳳凰という東洋的モチーフに自分なりの創意を加え、「極致の彫線」をもって表現したと述べている。使われているのは、朱と黒の二色だけだが、濃淡が加えられ、深みのある文様表現が見られる。蒟醤の素地には、竹を編んだ籃胎《らんたい》が古くから用いられてきたが、この作品もやはり籃胎となっている。

（木田拓也）

磯井如真
《蒟醤龍鳳凰文八角香盆》昭和30年

ISOI, Joshin
Octagonal incense tray,
dragon and phoenix design, *kimma*
1955　h5.2　w42.9　d42.9

異なる素材の出会い、配色の妙味

接合《はぎあわせ》とは、同種あるいは異種の金属や合金を鑞付《ろうづけ》し、さらにその表面を打って形を作る技法である。異種の金属を組み合わせる場合は、それぞれ膨張率や展延率が違うため、成形までに金属に応じた処理が必要で、高度な技術と熟練が要求される。関谷四郎はこの技法を得意とし、一九七七（昭和五十二）年には「鍛金《たんきん》」で重要無形文化財保持者の認定を受けた。本作《赤銅銀接合皿》では、赤銅《しやくどう》（黒色部分）と銀の二つの金属の色のコントラストが効果的に用いられ、波や風のうねりを連想させるダイナミックな形が生み出されている。

銀線細工で知られる秋田市に生まれた関谷は、病弱だったため、手に職をつけさせたいという母親の意向で、簪《かんざし》や指輪などを作る地元の飾り職人に弟子入りした。十八歳の時、東京から講師として招かれていた鍛金家の河内宗明と出会い上京、本格的に鍛金の道に入る。卓越した技を身につけた関谷のもとには、多くの若い作家たちが集まったといわれている。金属という素材の性質を熟知し、それを時代の要請と結びつけていく関谷のしなやかな感性は、作品を通してもうかがい知ることができる。

（北村仁美）

関谷四郎
《赤銅銀接合皿》昭和47年

SEKIYA, Shiro
Plate, joined and hammered silver and *shakudo* strips
1972　h3.5　w29.0　d29.0

近代美術館のなかの工芸館
——工芸館のコレクションをみる

諸山 正則

工芸の素晴らしさを伝える

かつて七〇年安保の頃の東京に、都市のなかの森林公園という構想がなされた皇居北辺の北の丸公園内に工芸館はある。一九七七（昭和五十二）年秋、世界に冠たる日本の近代工芸の専門美術館としてその開設が待望された工芸館は、東京国立近代美術館のアネックスとして誕生した。以来、近・現代日本の工芸の展望を中心に、多くの国内外の人々に工芸の美しさとその芸術の素晴らしさを伝えてきた。

一九一〇（明治四十三）年に近衛師団司令部庁舎として建設されたこの赤レンガの、簡素なゴシック風様式の建物は、明治時代洋風煉瓦建築の典型であり、官公庁建築の遺構としての重要さと、関東大震災や二・二六事件、第二次世界大戦終戦等の歴史を証する建造物であることなどから、重要文化財としての指定、保存がはかられ、その独特のクラシックなムードのなかで、美術館として工芸の公開に活用されてきた。日本だけでなく諸外国からも観覧者を多く迎え、この工芸館で近代美術として日本の工芸への認識を新たにした人々も多いと思う。

文化庁の収蔵品を核として

日本では、一九五〇年代後半に伝統工芸系や日展等の現代工芸の創作系、前衛的な工芸系、民芸系、クラフト系、そしてインダストリアル・デザイン系といった、現代にいたる工芸の多様なシーンが出揃い、一九六〇―七〇年代に活発化し安定期に入っていた。そうしたなか、工芸館は、川喜田半泥子や富本憲吉、八木一夫、岩田藤七らのわずか三十八点の収蔵品に、文化庁が無形文化財として伝統工芸の保存と普及を目的に購入してきた内の四百三十点の伝統工芸作品が移管されて加わり、開館するに至った。陶磁の荒川豊蔵や石黒宗麿、金重陶陽、富本憲吉、浜田庄司、漆工の音丸耕堂、高野松山《たかのしょうざん》、松田権六、木工の黒田辰秋や氷見晃堂、竹工の生野祥雲斎、染織の稲垣稔次郎や喜多川平朗、木村雨山《うざん》、小宮康助、芹沢銈介、人形の平田郷陽や堀柳女《ほりりゅうじょ》、鹿児島寿蔵《かごしまじゅぞう》、金工の佐々木象堂《しょうどう》や高村豊周、長野垤志ら、我が国の伝統工芸の優れた特質と芸術性を体現してきた重要無形文化財保持者（いわゆる人間国宝）らの重要かつ主要な作品が中心となった。さらに陶磁の加藤土師萌や近藤悠三、十三代今泉今右衛門、清水卯一、加守田章二《かもだしょうじ》、漆工の赤地友哉や大場松魚《おおばしょうぎょ》、田口善国、増村益城、染織の鎌倉芳太郎や森口華弘、志村ふくみ、鈴田照次、金工の角谷一圭や鹿島一谷、内藤四郎ら、伝統工芸の発展を担った次代の作家らの多くの作品が含まれていた。

それらは、真に、伝統の素材と制作手法に高度な技術を駆使し、伝統の様式を踏まえつつ時代に即した用の美を発展させてきた近・現代の工芸作家らによる、自由で多様な創作表現を表した作品群であった。その後にも繰り返された文化庁からの管理換え作品は実質的に工芸館の重要な核となった。そうして、現代に至る発展を証する多くの作家による主要な作品が多数収蔵されるに至り、国内外で伝統工芸という日本特有の文化を紹介する一翼を担ってきた。そうした強力な根幹が工芸館の基盤となり、現代の自由な造形表現へと発展してきた多くの工芸作家らの多様かつ重要な作品をコレクションに加えてきたわけである。

工芸の動向と並走し続けた三十年間

工芸館は、近代以降現代にいたる芸術を職掌する東京国立近代美術館の一セクションとして日本を代表して、工芸作品の収集と保管、展示、調査研究、そして国内外への普及広報が一連となった事業を推進し、それに即して歴史的に優れた作品や現代工芸の動向を示す重要な作品、資料的な価値の高い作品等を収集し、いうなら近代工芸の殿堂の構築が基本構想でうたわれていた。実際、例えば一九七七年の開館記念展「現代日本工芸の秀作」では、伝統工芸の主要な作家らと日展の楠部彌弌《くすべやいち》や小《お》合友《ごうとも》之助《のすけ》、山崎覚太郎、オブジェの八木一夫や鈴木治《おさむ》、益田芳徳《よしのり》、民芸の河井寛次郎や浜田庄司、芹沢銈介、黒田辰秋、また無所属で自在に活躍した北大路魯山人、ジュエリーの平松保城《やすき》や宮田宏平（藍堂《らんどう》）、ファイバーワークの小林正和や堀内紀子など、戦後の工芸界において光彩を放った注目すべき作品の数々が選ばれた。そうして、一堂に展示されて新しい室内空間における工芸の在り方や近代工芸の意義を明らかにし、実証する作品

「工芸館開館記念展　現代日本工芸の秀作」1977年

が多数出陳された。

それ以降、工芸館では、用の芸術としての工芸に留まらない、明治や大正期の近代化と創作的個性の獲得から、工芸の多様化が進展し現代の造形意識が自由に揮《ふる》われた創作表現の工芸など、三十数年間をとおして歴史的あるいは象徴的な、指標となるべき作品の展覧会を開催し優れた作品の収集を行ってきたわけである。すなわち、当初の「何をもって工芸とするか」という議論から「近代工芸の意義」や「現代の工芸の造形的可能性」等が問われ続けてきた。今日に至り、美術的に洗練された歴史的伝統を保有する工芸や多様な芸術性を指向する現代工芸・デザインの動向への多角的な視点を持ち合わせながら、その理解のために有効な多種多彩な展示企画を実施し、三千点（グラフィック・デザイン作品約五百八十点を含む）に迫るコレクションの形成と活用が達成されてきた。

感動と潤いをより多くの人たちに

月刊誌『淡交』では、師弟の工芸作家による「相承の系譜」（二〇〇二年）シリーズで始まり、作品とその詳細を見つめた「細部の真実」（二〇〇三年）、作品と創作の原点を対比させた「古典が息づく現代の工芸」（二〇〇四～〇五年）、現代工芸家の茶器を取り上げた「茶室の工芸学」（二〇〇六～〇八年）、工芸素材への視点を作家間で対比させた「素材を手の内に」（二〇〇九年）の特集が組まれてきた。八年間に及ぶそれらの特集テーマに即して、多数の優れた工芸館の所蔵作品が紹介され、その充実を改めて認識した次第である。なかに藤田喬平の《虹彩》や生野祥雲斎の《虎圏》といった造形表現の際立った特殊例はあるものの、大方は、茶碗や茶入、水指、茶の湯釜、椀・鉢、盆・皿、花器などの茶器や見立てをイメージした、いうなら伝統工芸系の作品ラインナップであった。いずれも工芸館を代表する、日本の工芸文化の近代の粋ともいうべき彩々が多種に加わっている。伝統の格調であったり現代的な気品や美を意識したものなどと多様であるが、それらの要は、古典を踏まえた近代工芸の大概の作家らは、伝統の様式美と時代に即した自らの趣向を今日の創作として表し、その伝統性と個性的表現を訴えるかの息吹きを伝えている。言い換えるなら、工芸家らの自由な感性が現代に用と美を享受しようとする私たちとその暮らしへの潤いを促しているのであろう。

すなわち多くの近・現代の工芸作家らは、正倉院宝物や平安、室町桃山、江戸期の優れた古典の美とその伝統を踏まえながら、個性の表現を見出し発展させ、新たな創造を切り拓いてきた。それが伝統的表現であれ現代的な造形表現であれ、素材と技術、そのクォリティを高めることへの日本人的なこだわり、そして個の感性を自由にする思いで現代性を豊かに造形化してきた。それらへの感動は鑑賞者のごく身近にあるものであり、さらに需要者が身に触れられる機会も大いにあり得るのである。工芸館の近代美術館としての社会的かつ教育的責任はいよいよ増大しつつあるが、あわせて、国内外にあって、日本文化を担う近・現代の工芸をとおしてさらに多くの感動が期待されているようにも思う。

掲載作品作者紹介

五十音順・敬称略

赤地友哉

あかじ・ゆうさい 1906—1984

石川県生まれ。本名、外次。生地金沢で新保幸次郎に、ついで東京で渡辺喜三郎について修業する。木工の曲物技法を応用した曲輪造による作品を発表。ゆがみのない木胎を目指し、斬新な器形を作り出した。また、素地制作から漆の温かさを生かした塗立て仕上げまでを一貫して行い、明快な配色を示す。一九七四年、「髹漆《きゅうしつ》」により重要無形文化財保持者に認定されている。

↓P40・41/68/131

荒川豊蔵

あらかわ・とよぞう 1894—1985

岐阜県生まれ。初め陶磁器商に従事。二十八歳のとき画家を志して上京するが、その後陶芸に転向、京都の宮永東山窯にて工場長を務める。一九二七年には、北大路魯山人より鎌倉・星岡窯への協力を望まれ、窯場主任となる。一九三〇年、可児市久々利大萱《おおがや》で桃山時代の志野陶片を発見、志野が美濃地方で焼かれていたことを実証した。一九三三年、志野の復元に専念するため大萱に工房を構え、古窯址を参考に桃山時代の窖窯(半地下式単室窯)を築窯、土の採取から窯焚きまで、製法が伝わっていなかった桃山の志野、瀬戸黒、黄瀬戸の復興に尽力する。また、探求した技法を土台として、白と赤のコントラストが際立つ独自の「豊蔵志野」を生み出した。一九五五年、「志野・瀬戸黒」の技法で重要無形文化財保持者に認定される。

↓P93/119/133

有岡良益

ありおか・りょうえき 1930—2009

香川県生まれ。戦後、木工修業に入り、途絶えていた香川の肥松木工に取り組む。一九五五年、クラフトアリオカを設立。一九七〇年に日本クラフト展クラフト大賞、伝統的工芸品通産大臣賞を、一九七八年にはWCC世界クラフト会議コンペ特別賞を受賞し、一九七九年には伝統工芸士に認定されている。日本クラフトデザイン協会理事、クラフト・センター・ジャパン理事、評議員を歴任するなど、日本のクラフト活動の中心的存在として活躍。

↓P135

飯塚琅玕斎

いいづか・ろうかんさい 1890—1958

栃木県生まれ。本名、弥之助。籠師の父初代鳳斎について竹工技術を習得、明治期末頃より作家活動に入り、琅玕斎友石と号する。一九二二年の

平和記念東京博覧会や一九二五年のパリ万国装飾美術工芸博覧会などで受賞した。一九二六年、日本工芸美術会の結成に参加。一九三一年の第十二回帝展に初入選以来、帝展、新文展、戦後の日展に出品を続け、一九三二年及び一九三四年の帝展で特選を受賞。一九五七年には第四回日本伝統工芸展に出品、翌年日本工芸会理事に就任している。伝統技法と独自に考案した技法とを駆使しての大胆かつ斬新な意匠により、格調高い竹工芸を築き上げ、戦前・戦後を通じての活動は後進の竹工家たちを刺激し、今日の竹工芸繁栄の原動力となった。

↓P10・11／115

伊砂利彦

いさ・としひこ 1924—2010

京都府生まれ。一九四五年、京都市立絵画専門学校図案科卒業。家業の染色に従事しながら新匠美術工芸会（現・新匠工芸会）に出品し、作家活動を始める。型染ならではのシャープなフォルムとリズミカルな構成を生かした作風で知られ、ドビュッシーなどの西洋音楽に想を得た《音楽》シリーズは代表作の一つ。一九八八年に京都市芸術文化協会賞、翌年には京都府文化賞功労賞、京都美術文化賞を受賞。一九九〇年、フランス政府より芸術文化勲章シュバリエ章を受けた。一九九二年、京都市文化功労者。二〇一〇年、日本文化藝術財団より第一回創造する伝統賞受賞。

↓P75

石黒宗麿

いしぐろ・むねまろ 1893—1968

富山県生まれ。一九一二年に富山中学校を退学し上京、一九一八年に東京美術倶楽部で曜変天目を見て作陶の道に入る。以後、東京から富山、金沢を経て京都に移住し、一九三六年には京都市の八瀬に陶房を構える。中国宋時代の古陶を中心に広く技法の研究を進め、卓越した創意を加えて自由闊達な作品を発表した。一九五五年、日本工芸会の結成に参加し、理事を務め、また同年「鉄釉陶器」により重要無形文化財保持者に認定される。翌年には八瀬の工房に「八瀬陶窯」を設立し、後継者の育成に当たっている。一九六三年に紫綬褒章、一九六八年に勲三等瑞宝章を受章。

↓P76／85／110

磯井如真

いそい・じょしん 1883—1964

香川県生まれ。本名、雪枝。香川県立工芸学校用器漆工科卒業。母校に漆工教師として、また県立工芸研究所に勤務し、後継者の養成に努めて今日の高松漆芸の隆盛に寄与した。一九二九年の帝展初入選以来、官展に出品、日展審査員を務める。一九五六年、重要無形文化財「蒟醤」保持者に認定される。従来の蒟醤塗に点彫りの新技法を取り入れ、立体的表現などの創意に満ちた意匠を生み出した。また、木彫漆塗りや漆を重ね塗りし彫刻する堆朱・堆黒にも通じ、精巧な作品を制作している。

↓P144

板谷波山

いたや・はざん 1872—1963

茨城県生まれ。本名、嘉七。一八九四年、東京美術学校彫刻科卒業。石川県工業学校で教授として彫刻科、のち陶磁科を担当するが、一九〇三年、陶芸家になることを決意して上京、田端にて倒炎式丸窯を築窯した。この頃より郷里の名山・筑波山に因み、波山と号する。青磁、白磁、彩磁をはじめ様々な釉薬研究に取り組み、特に、一九一五年に創案した葆光彩磁の薄絹を当てたような淡さと端麗さは秀逸。一九二七年には帝展

第四部（美術工芸）の新設に伴い審査員となる。一九三四年、帝室技芸員。一九五三年には陶芸界初の文化勲章を受章している。

→P56・57

稲垣稔次郎　いながき・としじろう　1902―1963

京都府生まれ。日本画家の家庭に育ち、一九二二年、京都市立美術工芸学校図案科を卒業。松坂屋京都支店に就職、図案の制作や研究に携わりながら染色技術を学ぶ。一九三一年に独立。一九四六年に富本憲吉らと新匠美術工芸会（現・新匠工芸会）を結成、この頃から型染技法を用いた制作を始める。型染の斉一性と反復性を活かしながらも、型紙を自由に組み合わせ、京都の風物や心情を優しく抒情性豊かに表現した。一九五八年、京都市立美術大学教授に就任。一九六二年には「型絵染」で重

要無形文化財保持者の認定を受けた。

→P48・49／75／83

十三代　今泉今右衛門　いまいずみ・いまえもん　1926―2001

佐賀県生まれ。十二代今泉今右衛門の長男。本名、善詔。一九四九年、東京美術学校図案科を卒業。のち十二代を助け、色鍋島の復興、制作に従事し、四十九歳の時に十三代今右衛門を襲名した。静的な先代の意匠に対し、動的な造形を一つの特色とする。構成上の基盤を古典に求め、創作模様を当てはめていく意匠や、古典模様を新しい意匠に再構成する試み、あるいは吹墨、墨はじきの使用等によって、現代の色鍋島に新しい展開を見せた。一九七六年、色鍋島今右衛門技術保存会を設立し、会長となる。一九八九年、「色絵磁器」

の重要無形文化財保持者の認定を受けた。

→P105

岩田藤七　いわた・とうしち　1893―1980

東京都生まれ。一九一八年に東京美術学校金工科を卒業した後、一九二三年に同校西洋画科を卒業。彫金、漆芸、西洋画、彫刻など多岐にわたる造形芸術を学んだ後、当時未開拓の分野であったガラス工芸の道に進む。江戸期のガラス技術を学び、独学で日本独自のガラス工芸の制作を目指した。一九二八年の第九回帝展より連続三回特選となり、一九三一年には岩田硝子製作所を設立。日本におけるガラス工芸に対する新たな認識を確立する上で重要な役割を果たし、多くの後継者を育てた。色ガラスを自在に用い、流動感のある作風が特徴。一九五一年に日本芸術院

賞、一九五八年のブリュッセル万博でグランプリを受賞。一九七一年には文化功労者に選ばれた。

→P24・25

江崎一生　えさき・いっせい　1918―1992

愛知県生まれ。一九三一年、愛知県立常滑陶器学校に入学、卒業後は地元の製陶所に勤め、一九五七年に日本現代陶芸展初入選、翌年には日展初入選を果たす。一九六〇年、窯造りの研究に取り組み、翌年に常滑市立陶芸研究所に入所、半地上式の古様の窯を築いて古常滑の風格を持つ作風を制作した。一九六四年に日本工芸会正会員となり、のち陶芸研究所を辞して自宅に登り窯を築く。一九六九年に第十六回日本伝統工芸展で文部大臣賞を、一九七三年に日本陶磁協会賞を受賞した。

→P26・27

大木秀春

おおき・ひではる 1895―1968

東京都生まれ。本名、豊三。小学校卒業後、桂光春について彫金を学ぶ。独立して後は、一九三二年に官展初入選を果たし、以来新文展、日展に帯留、ブローチなどの伝統的金具の出品を続ける。一九五五年以降は日本伝統工芸展に出品し、一九六三年に《鶉金具》で日本工芸会総裁賞、一九六五年にも優秀賞を受賞。装剣金具以来の品格のある彫金技法を守り続けた。

↓P100

太田 儔

おおた・ひとし 1931―

岡山県生まれ。陶芸家・難波仁斎に絵画と塗装を学び、磯井如真のもとで十一年間内弟子として、蒟醤、存星等の漆芸技法を学ぶ。岡山大学教育学部特設美術科卒業。一九六五年に日本伝統工芸展で初入選、以降出品を続け、一九七五年及び一九八一年に同展で文部大臣賞を受賞。籃胎蒟醤を素地の竹編みから一貫して自身で手がけ、精密な制作で微妙な色彩を持つ絵画的表現を行っている。一九九四年、「蒟醤」で重要無形文化財保持者に認定される。一九九三年に紫綬褒章、二〇〇一年に勲四等旭日小綬章を受章した。

撮影／糸井康友

↓P18・19

岡部嶺男

おかべ・みねお 1919―1990

Sadao Ishii "The East"1965/The East Publications

愛知県生まれ。幼少期から父、加藤唐九郎を手伝い製陶技術を習得した。瀬戸窯業学校卒業後は東京物理学校に入学したが中退し、一九四〇年入営。フィリピンでの捕虜生活を経て、一九四七年の復員後に本格的な作陶を開始し、日展、日本工芸会から離れて在野で活動した。志野、織部、縄文の研究を力強い作風へと繋げ、特に青瓷への評価は高く、「嶺男青瓷」として賞賛される。

↓P123

小川松民

おがわ・しょうみん 1847―1891

江戸生まれ。本名、繁次郎。中山胡民に入門して蒔絵を学び、絵を池田孤村に学ぶ。一八七六年に渡米し、フィラデルフィア万博を視察。翌年の第一回内国勧業博覧会に出品して受賞し、後年の第二回、第三回でも受賞を重ねた。また国の依頼を受けて、正倉院や法隆寺の什物の模造制作を手がけ、古典蒔絵の研究に努めた。一八九〇年に東京美術学校の初代漆工科教授に就任、同年に日本漆工会を創設するが、翌年に没した。

↓P120

音丸耕堂

おとまる・こうどう 1898―1997

香川県生まれ。本名、芳雄。石井磬堂に師事して彫漆を学ぶ。一九三二年、帝展に初入選し、以降連続出品。一九四二年新文展特選、一九四九年日展特選。また一九五五年より日本伝統工芸展に出品を続け、鑑査委員等を歴任。色粉を巧みに用いて多色の色漆を作り、これを塗り重ねて文様を彫り表し、従来の堆朱、堆黒、紅花緑葉という言葉ではとらえきれない、多彩で華やかな彫漆を発展させた。さらに堆漆、沈金、金粉蒔等を併用した作品も制作している。一九五五年、「彫漆」により重要無形文化財保持者に認定される。

↓P114／138

角谷一圭

かくたに・いっけい 1904―1999

大阪府生まれ。本名、辰治郎。釜師の父・巳之助について茶釜の制作を学び、のちに大国藤兵衛、香取秀真にも師事して各種鋳金技法を学ぶ。敗戦直後、世に出回った伝来の有名な釜の修復を手がけた経験から、筑

前芦屋系の釜を制作の規範とするようになる。また、茶の湯釜の伝統的素材であった和銑《わずく》の研究にも専念した。日本伝統工芸展に出品を続け、一九五八年には日本工芸会総裁賞を受賞する。一九七八年、「茶の湯釜」で重要無形文化財保持者の認定を受ける。

↓P112

鹿島一谷　かしま・いっこく　1898—1996

撮影／相澤 實

東京都生まれ。本名、栄一。高等小学校一年修了後、後藤一乗系の関谷一也・真也父子に彫金を、布目象嵌の技法を祖父・二世一谷斎光敬に学ぶ。さらに海野清、北原千鹿にも師事し、新しい工芸意匠を学ぶ。一九二九年の第十回帝展に初入選、以来一九五六年の第十二回日展まで出品し、一九五五年には日本工芸会の創立に参加、正会員となる。一九六五年には唐招提寺の金亀舎利塔(国宝)修理にも携わった。一九七八年、重要無形文化財「彫金」の保持者に認定される。

↓P118

角 偉三郎　かど・いさぶろう　1940—2005

石川県生まれ。中学校を卒業後、沈金師橋本哲四郎に師事し、輪島塗の伝統の中で育つ。一九六二年、日本現代工芸美術展に初入選し、一九六四年には日展で初入選、以降も入選を重ね、一九七八年には特選を受賞、漆による絵画的な作品で注目を集める。やがて能登の素朴でたくましい

合鹿椀《ごうろくわん》との出会いを契機に、一九八三年よりすべての公募展から退き、以降は表現素材としての漆や漆塗り、木地の特質を反映させた制作や、輪島塗の職人らとの協同による器物の造形性を重んじた制作を行う。

↓P40・41

加藤卓男　かとう・たくお　1917—2005

岐阜県生まれ。父の五代加藤幸兵衛に師事し、美濃を中心に中国の陶技の基礎等を習得する。一九六一年、フィンランドに留学し、渡欧中にイラン各地の古窯址に赴き、その後、現地調査を重ね、ラスター彩や三彩等のペルシャ古陶器の技法研究や新たな創作を行う。一九八〇年から、宮内庁に委嘱されて正倉院三彩を復元制作。ほぼ同時期より、日本伝統工芸展への出品も始めた。一九九五年、重要無形文化財「三彩」の保持

者に認定される。

↓P86

加藤土師萌　かとう・はじめ　1900—1968

愛知県生まれ。本名、一《はじめ》。一九二六年、生地の瀬戸から多治見に移り、岐阜県陶磁器試験場の技師として図案や技術の指導を行う。一九三七年のパリ万博でグランプリを受賞。一九四〇年には独立して横浜日吉に移り住み、工房を設立する。作域は幅広く、主として中国明代の色絵磁器の技法に取り組み、黄地紅彩《こうちこうさい》や萌葱《もえぎ》金襴手《きんらんで》などの技法を解明、再現した。一九五二年、無形文化財として「上絵付（黄地紅彩）」が選定され、一九六一年には「色絵磁器」の重要無形文化財保持者に認定された。また東京藝術大学陶芸講座の初代教授を務めている。

↓P42・43／137

金森映井智
かなもり・えいいち
1908—2001

富山県生まれ。本名・榮一。一九二五年、富山県立高岡工芸学校金工科を卒業、富山県内島市平に師事。一九三二年に独立。一九三三年、帝展初入選を果たし、以降新文展、日展で活躍した。一九三二年以降は日本伝統工芸展に出品し、一九七六年、日本工芸会総裁賞を受賞。鋳銅器の素地に金線、銀線の象嵌や、細かい布目象嵌の加飾を施した作品を制作、独自の幾何学的文様をもとにした現代感覚あふれる作品を生み出した。一九八九年に「彫金」で重要無形文化財保持者に認定される。

↓P127

金重陶陽
かねしげ・とうよう
1896—1967

岡山県生まれ。本名、勇。父・楳陽《ばいよう》のもとで鳥や動物などの細工物の技法を学ぶ。やがて桃山時代の古備前に注目し、轆轤成形による茶陶の制作を始める。備前焼の本質として土《つち》味《あじ》に着目し、また窯と焼成方法を工夫して緋襷《ひだすき》、サンギリ、胡麻など、備前焼独特の窯変を作品に取り入れた。一九五二年、国の助成を講ずべき無形文化財に選定され、一九五六年には「備前焼」の重要無形文化財保持者に認定された。桃山の古備前に学びつつ近代の備前焼を制作、備前焼中興の祖と称される。

撮影／中村昭夫

↓P98

鎌倉芳太郎
かまくら・よしたろう
1898—1983

香川県生まれ。一九一八年、香川県師範学校卒業。在学中より日本画を学ぶ。一九二一年に東京美術学校図画師範科を卒業後、沖縄県立女子師範に赴任したのをきっかけに琉球芸術に関心を持ち、尚侯爵家ほか首里、那覇の名家所蔵品を調査研究し、特に紅型に魅せられ、研究と同時に本格的に技法を習得。染色家として、伝統的な紅型を踏まえた叙情漂う独自の型絵染の作風を築いた。一九五八年、第五回日本伝統工芸展に初入選。一九七二年、日本伝統工芸展で日本工芸会会長賞受賞。一九七三年に重要無形文化財「型絵染」の保持者に認定される。

↓P99

川喜田半泥子
かわきた・はんでいし
1878—1963

大阪府生まれ。本名、川喜田久太夫《きゅうだゆう》政令《まさのり》。生家は三重県に拠点を置く裕福な商家で、幼年時に祖父、父を亡くし、若くして家督を継いだ。本業は銀行家、実業家であるが、私生活で数寄風流を好み、茶道具の収集、書画など多彩な趣味を嗜んだ。特に傾倒したのは陶芸で、一九三四年に津市郊外に築窯、旺盛に作陶を行った。作風は広範で、遊び心に富む命銘も特徴的。最も精力的な作陶期に当たる一九三〇年代には、制作のかたわら国内外を旅し、各地に足跡を残した。なかでも美濃、備前、唐津、萩の各地における、荒川豊蔵、金重陶陽、中里無庵、三輪休和らとの親交は特筆される。

↓P113

川北浩一
かわぎた・こういち
1902—1977

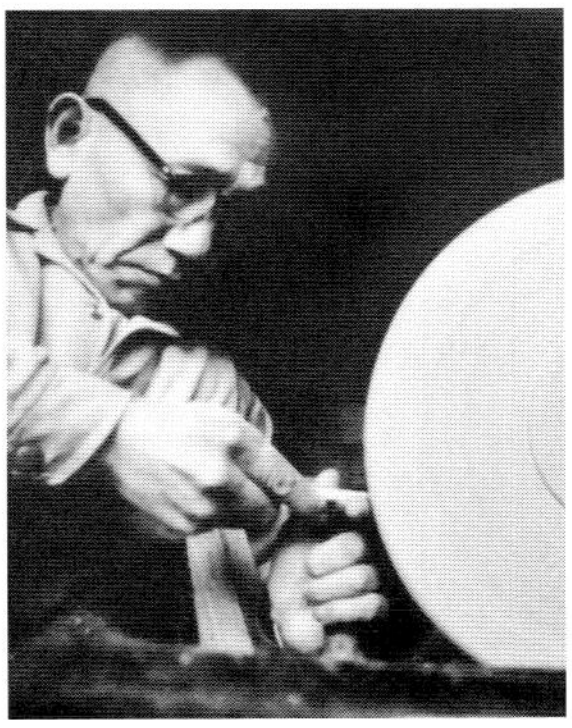

石川県生まれ。本名、仙吉。父の初

吉は荒挽を業としており、そのもとで挽物の基本技術を学ぶ。のちに大阪に修業に出、伊予出身の小椋某について轆轤技術に磨きをかける。戦後、氷見晃堂の勧めによって一九六一年の第八回日本伝統工芸展に初出品、初入選を果たし、第九回展では奨励賞を受賞。欅を主として、桐、縞黒檀などを用い、山中の挽物の伝統をよく受けた、温和な作風を展開した。

↓P77

北大路魯山人 きたおおじ・ろさんじん 1883―1959

京都府生まれ。本名、房次郎。陶芸家であり、かつ書・日本画・料理・漆芸など幅広い分野で独自の美意識を追求した。一九二七年、星岡茶寮で出す器のために窯芸研究所を開設、以後、本格的に陶磁器制作に乗り出したが、生涯特定の師にはつかず、一貫して中国、朝鮮、日本に伝わる古陶の美に直接学ぶ姿勢を示している。なお、早くから桃山陶芸を高く評価し、一九三〇年、星岡窯主任だった荒川豊蔵が古窯址から志野陶片を発見すると、資金を投じて調査を援助している。

↓P46・47

喜多川平朗 きたがわ・へいろう 1898―1988

京都府生まれ。一九二一年、京都市立絵画専門学校（現・京都市立芸術大学）日本画科卒業。父・平八のもとで織物を学び、一九二七年に家業の俵屋十七代目となる。長年にわたり、神官式服、神宝類、皇室の儀式用服飾等の多くを指導・監督して製織した。大正から昭和にかけての正倉院資料の調査・整理から、古典染織の復元・模織に取り組み、一九三一年には正倉院裂二十三種を復元。また今日の生活に適する紋織物の創造にも尽力した。一九五六年に重要無形文化財「羅」、一九六〇年に同「有職織物」の保持者に認定される。一九六七年に紫綬褒章、一九七三年、勲四等旭日小綬章を受章。

↓P46・47／87

北村武資 きたむら・たけし 1935―

撮影／浅井憲雄

京都府生まれ。中学卒業後、京都・西陣にて製織業に入る。一九六二年、法会金襴製造業として独立、続いて帯地製造業に転じる。以後織物組織の研究を重ね、各種の技法の研究に努める。伝統的な環境に属しながら、織の構造そのものを自身の表現の主体とする、現代的な造形感覚を見せる。一九九〇年に京都府指定無形文化財「羅」「紋織」の保持者に認定され、一九九六年には紫綬褒章を受く。一九九五年に国の重要無形文化財「羅」、二〇〇〇年に同「経錦」の保持者に認定される。

↓P89

黒田辰秋 くろだ・たつあき 1904―1982

京都府生まれ。塗師の父・亀吉のもとで木工、漆工の技術を習得。しかし漆芸制作の分業制に不満を抱き、素地作り・塗り・加飾の一貫制作を志す。その後、河井寛次郎、柳宗悦らと親交を結び、一九二七年の上賀茂民芸協団創立に参加。各地の木工品の研究とともに、螺鈿、乾漆の漆芸技法をも修得し、木の量感を生かした重厚な作品を中心に、耀貝（メキシコ鮑貝）の輝きを生かした螺鈿などで独自の作風を示した。日本民藝会、国画会、日本工芸会の理事を務め、一九七〇年には重要無形文化財「木工芸」保持者に認定された。

↓P20・21／58・59／92／117

小林菊一郎
こばやし・きくいちろう　1896—1963

群馬県生まれ。少年期に上京し、岩城硝子工場の仕事をしていた本所菊川町の大橋徳松に師事し、伝統的な江戸切子の技法を学ぶ。その後、岩城硝子に勤務する。一九三二年に独立し、江戸川区深川猿江町に工房を設立。一九六三年、岩田藤七のすすめで日本伝統工芸展に出品し、優秀賞を受賞した。人々の生活が急速に洋式化し、欧米の美術、デザインとの交流が盛んになっていた時期にあって、伝統的な江戸切子の技法を現代へと伝承した数少ない作家である。

↓P141

小宮康助
こみや・こうすけ　1882—1961

東京都生まれ。本名、定吉。十三歳から二十一歳まで浅草象潟の小紋の型付屋、浅野茂十郎のもとで修業。その後も都内で修業を続け、一九〇七年に独立。裃小紋に着目し、また長年の苦心によって化学染料による「しごき」の手法を修得、華麗な色調のなかに気品のある小紋を染め、一九五五年に重要無形文化財「江戸小紋」の保持者に認定された。

↓P14・15

小山冨士夫
こやま・ふじお　1900—1975

岡山県生まれ。東京商科大学中退。一九二五年、二代真清水蔵六に弟子入りし、翌年、京都蛇ケ谷で独立。一九三二年、奥田誠一主宰の東洋陶磁研究所に入り、中国定窯古窯址を発見するなど陶磁史研究家として活躍する。日本陶磁協会理事、東洋陶磁学会常任委員長を歴任し、文化財保護委員会で工芸品の調査と文化財指定に携わる。文化財保護委員会辞職後は作陶を再開して青白磁、唐津、備前など研究成果を生かす幅広い作域を示した。

↓P70

齋田梅亭
さいだ・ばいてい　1900—1981

京都府生まれ。本名、右五郎。截金仏画師である齋田家の四代・萬治郎の五男。一九二〇年に京都市立美術工芸学校図案科を卒業し、着物の図案を描く仕事に就くが、その後、兄の五代・晨三郎について截金の技術を学び、一九四五年に五代が没し、齋田家六代を継承した。日本伝統工芸展に出品を重ねており、一九五九年及び一九六一年には奨励賞を受賞している。一九七五年、勲四等瑞宝章を受章。一九八〇年には京都市文化功労者の表彰を受け、翌年に重要無形文化財「截金」の保持者に認定された。

↓P101

齋藤　明
さいとう・あきら　1920—

東京都生まれ。父・鏡明のもとで蠟型鋳金を学ぶ。父の没後は工房を継ぎ、佐々木象堂や二代宮田藍堂の指導を受ける。一九四九年より二十三年間は高村豊周に師事し工房主任を務めた。一九九三年、重要無形文化財「鋳金」保持者に認定される。

↓P140

佐々木　英
ささき・えい　1934—1984

秋田県生まれ。一九五六年、東京藝術大学工芸科漆芸専攻に入学し、松田権六らに師事する。一九五九年に卒業し、同年サロン・ド・プランタン賞を受賞。一九六五年には日本伝

統工芸展に初入選し、以後も同展で各賞を受賞、なかでも一九七九年、一九八二年には優秀賞を獲得し、後者の受賞作《蒔絵彩切貝短冊箱 尾瀬の朝》は文化庁買上げとなった。

↓P58・59

澤口 滋

さわぐち・しげる 1925—1997

東京都生まれ。一九四五年、東京物理学校を中退して宮城県鳴子町に移り、漆芸家、漆芸研究家として知られる父・悟一のもとで漆工を学ぶ。全国の漆器産地を調査し、一九六四年に漆器業の産地の枠を越えた明漆会を創立。以降毎年各地で例会を開催する一方、国内外で個展、グループ展を開催し、また陶磁器やガラスなど異素材との混成による展覧会などを企画。新時代の建築空間を意識した、優美な形態と豊潤な質感が融合した現代的な漆器を制作した。

↓P90

清水卯一

しみず・ういち 1926—2004

京都府生まれ。一九四〇年に石黒宗麿に師事する。国立陶磁器試験所伝習生及び京都市立工業研究所助手を経て、一九四五年に独立。一九五一年、第七回日展初入選。以降、国内外を問わず受賞多数。一九七〇年には近江蓬莱山麓に築窯し、初期の柿天目・貫入が見られる青磁から、蓬莱山の土を活かした青白磁に近い蓬莱磁・鉄耀へと作風を変化させる。一九七七年、日本陶磁協会金賞。一九八五年、重要無形文化財「鉄釉陶器」の保持者に認定される。

↓P32・33／76

志村ふくみ

しむら・ふくみ 1924—

滋賀県生まれ。一九四二年、文化学院卒業。織物経験者の母に手ほどきを受け、黒田辰秋、富本憲吉等から薫陶を受ける。一九五七年、第四回日本伝統工芸展に初出品、入選。この頃、荒川豊蔵、稲垣稔次郎に師事。同展で第五回から第八回まで連続受賞。植物染料の色彩に注目し、色糸の束からも作品をイメージして制作を行う。平織で、濃淡を表す暈しの技法を用い、暖かみのある素材感、色調を表現した。一九八六年、紫綬褒章受章。一九九〇年、重要無形文化財「紬織」の保持者に認定される。一九九三年、文化功労者に選ばれる。

↓P54・55

生野祥雲斎

しょうの・しょううんさい 1904—1974

撮影／大崎聡明

大分県生まれ。本名、秋平。一九二三年、別府の竹工芸家・佐藤竹邑斎に師事し、竹芸の技術を二年間学んだのちに独立。一九四三年、第六回文展で特選受賞、無鑑査となり、戦後は日展、一九六六年以降は日本伝統工芸展で活躍した。一九六七年に重要無形文化財「竹芸」の初の保持者に認定される。活動の初期は、竹工芸技術の基礎となる唐物風の作品を試み、細かく緻密な編みで技巧的な作品を得意とした。のちには、高度な技術力を土台に、素材である竹の弾力性や素材感を生かした立体造形、そして伝統的作風へと変化させている。一九六九年、紫綬褒章受章。

↓P88／126／139

鈴田照次

すずた・てるじ 1916—1981

佐賀県生まれ。中学校卒業後、画家を志し上京。一九三八年、東京高等工芸学校（現・千葉大学工学部）工

芸図案科卒業。在学中に沖縄へ行き、紅型に魅せられて型染を志す。稲垣稔次郎との交流から多くを学び、初期の作風にはその影響が見られる。一九五九年、第九回展で日本伝統工芸展に初出品、第六回日本工芸会会長賞受賞。一九六九年から鍋島更紗の技術研究を進め、型紙と版木を併用した木版摺更紗を一九七二年に発表。抽象化された自然の草花を、独自の意匠力でリズミカルに繰り返し意匠構成した。一九七八年、紫綬褒章受章。

↓P91

関谷四郎

せきや・しろう
1907―1994

秋田県生まれ。一九二八年に上京、帝室技芸員平田宗幸の高弟・河内宗明について鍛金を学ぶ。色の異なる銀、銅、赤銅などの地金の板を切り、それらを交互に鑞付けする「接合せ」の技法で独自性を発揮した。戦前は商工展、新文展等に出品し、戦後は日本伝統工芸展で壺、花瓶、飾皿などの作品を発表。一九六八年には日本伝統工芸展で日本工芸会総裁賞を受賞した。一九七七年、「鍛金」により重要無形文化財保持者に認定される。

↓P145

撮影／大堀一彦

芹川英子

せりかわ・えいこ
1928―

東京都生まれ。日本女子大学国文科卒業。一九五四年より平田郷陽に師事、木彫による人形制作の技術と、写実を基礎とする人形表現を学んだ。一九五七年に朝日現代人形展で特選。一九六六年に日本伝統工芸展で入選、以後受賞多数。木彫のボディに溝を彫り、糊をつけたところに裂地の端をはめ込み衣服とする木彫木目込みの技術に、豊かな物語性や叙情性を備えた人形を制作している。一九九二年に紫綬褒章、一九九九年に勲四等宝冠章を受章。

↓P74

芹沢銈介

せりざわ・けいすけ
1895―1984

静岡県生まれ。一九一六年、東京高等工業学校図案科を卒業。一九二七年、柳宗悦の論文に感動し染色家の道を決意、翌年の大礼記念国産振興博で沖縄紅型に瞠目する。一九三一年から雑誌『工芸』の表紙を担当。一九五五年、有限会社芹沢染紙研究所を設立、翌年、重要無形文化財「型絵染」の保持者に認定される。一九六六年に紫綬褒章、一九七〇年に勲四等瑞宝章を受章。一九七六年、文化功労者。フランスのグラン・パレにて個展。一九八一年、静岡市立芹沢銈介美術館開館。フランス政府より文学芸術功労章受章。正四位勲二等瑞宝章を追授される。

↓P48・49／69

撮影／大堀一彦

高村豊周

たかむら・とよちか
1890―1972

撮影／高村 規

東京都生まれ。木彫家・高村光雲の三男。一九一五年に東京美術学校鋳金科を卒業。黒耀社、无型、実在工芸美術会など工芸研究団体を組織し、工芸の近代化運動を主導した。一九二六年に母校の助教授となり、のち同校教授となる。帝展・文展・日展に出品し、審査員を務めた。一九六四年には重要無形文化財「鋳金」保持者に認定される。鋭敏な近代感覚で鋳造品の中に簡潔な造形を追求し、幾何学的形態やシンプルな装飾を基本にした作品を制作した。

↓P72／97／132

田口善国

たぐち・よしくに
1923―1998

東京都生まれ。早くから漆芸を松田

撮影／大堀一彦

権六に学び、日本画を奥村土牛らに、古美術を吉野富雄に学んだ。多年に渡り松田に師事するなかで日光東照宮や中尊寺金色堂の保存修復などにも従事し、漆芸の古典技法や様々な蒔絵技法などを修得して現代に生かす独自の表現を獲得。戦後の日展で活躍した後、一九六一年第八回以降の日本伝統工芸展に出品し受賞を重ねる。斬新な意匠構成や高い装飾性を発揮した作風を展開し、現代漆芸に大きな影響を与えた。一九八九年、重要無形文化財「蒔絵」保持者の認定を受ける。

↓P73／111／128

竹内碧外《たけうち・へきがい》 1896—1986

福井県生まれ。本名、寅松。生家は大工を業とし、高等小学校卒業後、紫檀細工師・田中仁造に弟子入りする。一九〇八年、堀田瑞松・林松香の師弟について学び、更に一九一二年には京都に出て瑞松門下の福田三松にも学ぶ。こうして唐木細工の技法を習得して独立し、制作活動に専念すると同時に、染織・和紙など古典の研究や、委託を受けて正倉院木器調査も行う。指物、刳物を兼ね、唐木のみでなく様々な材を駆使し、幅広い作域をみせた。

↓P30・31

田辺一竹斎《たなべ・いっちくさい》 1910—2000

大阪府生まれ。本名、利雄。幼少より父・初代竹雲斎について竹工を学ぶ。一九三一年、小竹雲斎と号し、第十二回帝展に初入選。以降帝展、文展、戦後の日展に連続して出品し、一九三二年に特選を受賞する。一九三七年、初代の逝去により二代竹雲斎を襲名、以後は重厚な唐物風から透し編みなどによる軽快で美感に満ちた作風へと転じた。一九五九年に大阪芸術賞を受賞。一九八一年に勲四等瑞宝章、一九八三年に紺綬褒章を受章する。一九九一年、長男小竹の三代竹雲斎襲名につき、一竹斎と改号した。

↓P50・51

三代
田辺竹雲斎《たなべ・ちくうんさい》 1940—

大阪府生まれ。本名、久雄。大阪市立工芸高校金属工芸科入学と同時に、父・二代竹雲斎に師事する。武蔵野美術学校工芸工業デザイン科卒業。一九六四年に日展初入選、翌年に日本現代工芸美術展入選。一九六九年、父より小竹の号を受ける。一九九一年、三代竹雲斎を襲名。素材に矢竹を用い、点・線・面の直線的な立体構成による独自の造形を追求している。

↓P50・51

田村耕一《たむら・こういち》 1918—1987

栃木県生まれ。東京美術学校図案科卒業。一九四六年、京都の松風研究所に輸出食器のデザイン担当として勤務、同所の顧問富本憲吉に指導を受け、陶芸の道に入る。優れた描写や意匠と、流し掛け、蠟抜き、掻き落としなどの多彩な技法が相まって表現力に富んだ作品を生み出した。一九六七年トルコ・イスタンブール国際陶芸展金賞、一九七五年日本陶

磁協会賞金賞を受賞。一九八六年、重要無形文化財「鉄絵」の保持者に認定される。

→P67

二十代 堆朱楊成

ついしゅ・ようぜい 1880―1952

東京都生まれ。南北朝の頃に始まると伝えられる堆朱楊成家の、十八代楊成（平十郎）の次男。本名、豊五郎。漆芸を兄・好三郎に、絵画を佐竹永湖に学び、一八九六年に二十代楊成を襲名。一九〇〇年、パリ万国博覧会に出品し銅賞牌を受賞、一九〇七年には東京勧業博覧会に彫漆香合三点を出品、二等賞牌を受賞した。また戦前は帝展・新文展に、戦後は日展に出品。一九二八年には緑綬褒章を受章した。家業の堆朱の他、蒔絵、彫刻、絵画など幅広い美術的素養を身につけ制作に生かし、近代の彫漆に新しい道を開いた。

→P121

塚本快示

つかもと・かいじ 1912―1990

岐阜県生まれ。生家は累代製陶を生業とし、一九二七年頃から父を助けて作陶生活に入った。戦後は、陶磁器デザイナーの日根野作三に師事し

てクラフト風の磁器を制作する一方、中国宋代の青白磁に傾倒し、鎌倉の小山冨士夫を訪ねて中国青白磁の陶片を譲り受け、胎土や釉薬の研究を進めた。素地が半乾きのうちに素早いタッチで彫る彫花の技は他の追随を許さなかった。一九八三年、重要無形文化財「白磁・青白磁」の保持者に認定される。一九八四年、勲四等旭日小綬章受章。

→P42・43／70

寺井直次

てらい・なおじ 1912―1998

石川県生まれ。東京美術学校で学び、以降続けて松田権六の指導を受け、幅広く漆芸技法や素地、材料の研究を深めた。特にアルミを処理した独自の金胎漆器で知られ、また卵殻貼りの技法において、鳥や動物、花などを主題とした奥行きのある文様構成に新境地を開く。戦後に日展で特

選受賞や審査員を務めるなど活躍し、日本伝統工芸展に一九五五年の第二回展以降出品した。一九八五年、重要無形文化財「蒔絵」保持者に認定される。母校の石川県立工業高等学校や石川県立輪島漆芸技術研修所（初代所長）で教鞭をとった。

→P12・13

富本憲吉

とみもと・けんきち 1886―1963

奈良県生まれ。東京美術学校図案科で建築や室内装飾を学び、イギリス留学でウィリアム・モリスの思想に

傾倒した。帰国後、バーナード・リーチとの交流から陶芸の道に入り、一九三〇年代後半から本格的に色絵磁器を始める。戦後は京都に移り、京都市立美術大学で教鞭を執りつつ、色絵に金銀彩を併用した華麗な大作を次々と制作した。一九五五年、重要無形文化財「色絵磁器」の保持者に認定される。一九六一年には文化勲章を受章。著作も多く、京都美大の学生に教科書として配布された「わが陶器造り」は、最初の本格的な陶器造形論、工芸論として記念碑的なものである。

→P52・53／60・61／66／96

内藤四郎

ないとう・しろう 1907―1988

東京都生まれ。東京美術学校で、清水亀蔵、海野清のもとで彫金を学ぶ。在学中に帝展に初入選して以来、ほぼ毎年同展及び新文展にモダンな作

品を出品しつづける。戦後の一時期は、六窓会や生活工芸集団、さらにクラフト運動に参加して、実用性を追求した花器や照明器具を制作。その後、伝統的彫金技法を生かして、幾何学的図案や古典文様を彫り込んだ筥や壺を日本伝統工芸展で発表する。一九六三年から、正倉院宝物の調査にも当たり、一九七八年には重要無形文化財「彫金」の保持者に認定された。

↓P16・17／136

中里無庵《なかざと・むあん》 1895―1985

佐賀県生まれ。唐津藩御用焼物師の家系を引く十一代中里太郎右衛門天祐の次男。佐賀県立有田工業学校別科製陶科卒業。父没後、一九二七年に十二代太郎右衛門を襲名。一九二九年より一九四〇年にかけて、古唐津の窯趾調査を行う。古唐津の胎土、釉薬、叩き造りの成形技法、窯の様式等の研究を重ね、素朴で重厚な趣のある古唐津の復興に努力した。一九六六年、紫綬褒章受章。一九六九年に京都大徳寺において得度し、無庵と号した。一九七六年、重要無形文化財「唐津焼」の保持者に認定される。

↓P102

初代 長野垤志《ながの・てっし》 1900―1977

愛知県生まれ。本名、松蔵。一九二三年、鋳金家の山本安曇に師事し、続いて金工家の香取秀真の指導を受ける。帝展、文展、日展に出品し、一九五八年以後は日本伝統工芸展に出品、一九六三年には重要無形文化財「茶の湯釜」保持者に認定される。『あしや釜』などの著書があり、古来の和銑を用いた釜の鋳造を復元するなど研究も深く、古典的茶の湯釜の造形を基礎に、高い芸術性と格調を持つ現代茶の湯釜を生み出した。

↓P103／129

中村勝馬《なかむら・かつま》 1894―1982

北海道生まれ。一九一二年に上京し、川端画学校で図案と日本画を学ぶ。その後、日本橋の三越呉服店の専属図案家増山隆方に師事し、図案、染色技法を学ぶ。一九二四年に独立し、名古屋松坂屋専属を経て、三越考案部専属として友禅を制作。一九四八年、染色工人社設立。一九五五年、重要無形文化財「友禅」の保持者に認定される。糸目の出ない無線状せを用い、色と色を直接ぶつけるなど、斬新な感覚の意匠を制作した。一九六六年に紫綬褒章、一九七〇年に勲四等瑞宝章を受章。

↓P71

西 大由《にし・だいゆう》 1923―

福岡県生まれ。一九四八年、東京美術学校工芸科鋳金専攻卒業。一九五〇年に薬師寺東塔水煙、月光菩薩台座の保存修理に従事する。一九六三年、第六回高村光太郎賞受賞。一九六九年に東京藝術大学助教授となって指導にあたる一方、日展に出品し、特選受賞、審査員を務める。一九八九年退会。一九八六年、日本丸・海王丸の船首像を制作する。一九八七年、運輸省交通文化賞を受賞。

↓P72

野口光彦《のぐち・みつひこ》 1896―1977

東京都生まれ。本名、光太郎。一九

一二年、御所人形師であった父の逝去により青雲斎の名を引き継ぐ。一九二八年に五芸会、一九三三年には甲戌会に参加。文展各賞を受賞するなか、《弓を持てる子供》《歓喜童児》が宮内省買い上げとなる。三等身の童形と白い肌を特色とする御所人形の伝統的な技法と様式を継承しながらも、躍動感あふれる御所人形を制作した。

↓P104

浜田庄司

はまだ・しょうじ
1894―1978

神奈川県生まれ。本名、象二。一九一六年に東京高等工業学校窯業科を卒業後、京都市立陶磁器試験場に入所し、河井寛次郎と共に釉薬の研究に勤しむ。バーナード・リーチの陶芸に憧れ、一九二〇年にリーチとともに渡英して、セント・アイヴスに共同で登り窯を築く。一九二四年に帰国。益子に陶房を構え、素朴で骨太の作品を一貫して制作した。一九五五年、重要無形文化財「民芸陶器」の保持者に認定される。一九六八年、文化勲章受章。

↓P125

氷見晃堂

ひみ・こうどう
1906―1975

石川県生まれ。本名、與三治。北島伊三郎、初代池田作美に師事し、指物や唐木細工など伝統木工のさまざまな技法を学ぶ。一九四六年、日展に初入選し、一九五三年に北斗賞を受賞した。また一九五五年の第二回日本伝統工芸展に初入選、以来出品を続け、一九五九年の第六回展で奨励賞、翌年に東京都教育委員会賞、一九七三年の第二十回展で二十周年記念特別賞を受賞する。一九七〇年、重要無形文化財「木工芸」保持者の認定を受ける。一九七二年とその翌年には正倉院御物の調査に従事した。

↓P77

撮影／毎日新聞社

平田郷陽

ひらた・ごうよう
1903―1981

東京都生まれ。本名、恒雄。小学校卒業と同時に、生き人形師であった父の初代郷陽に師事。一九二四年、二代郷陽を襲名。創作人形研究団体「白沢会」、「日本人形社」創立に参加。改組帝展、新文展、日展、日本伝統工芸展を中心に活躍した。一九五五年、「衣裳人形」により重要無形文化財保持者に認定される。衣裳人形研究会「陽門会」を創立、後進の指導に当たった。戦前は生々しい写実表現を追求し、戦後は丈高の理想化された女性像に真骨頂を見せ、同時に無邪気な児童など女性の細やかな情感表現を得意とした。

↓P44・45／74／84

藤田喬平

ふじた・きょうへい
1921―2004

撮影／相澤 實

東京都生まれ。一九四四年東京美術学校工芸科彫金部卒業。一九四七年岩田工芸硝子に入社し、一九四九年に退社、ガラス作家として独立。日本を代表するガラス工芸作家として国際的に活躍し、日本のスタジオ・グラス作家の先駆ともいえる活動を行ってきた。特に琳派風の漆と金の伝統美を、金箔・銀箔などと色ガラスを使って表現した《飾筥》の連作は、国際的にも高い評価を受けた。一九八九年、日本芸術院賞受賞。二〇〇二年、文化勲章受章。

↓P38・39

藤本能道

ふじもと・よしみち
1919―1992

東京都生まれ。一九四一年、東京美術学校工芸図案部卒業。文部省工芸技術講習所に入所し、加藤土師萌、富本憲吉に師事する。一九四七年、富本の主宰する新匠美術工芸会に参

加。後にモダンアート協会、走泥社に参加し、前衛的なオブジェ作品を制作した。色絵具の混色による中間色などの研究を行い、釉描加彩の技法、没骨法の描写により色絵磁器の表現の幅を広げた。一九六二年に東京藝術大学の助教授となり、一九七〇年に教授、一九八五年には学長に就任。一九八六年、重要無形文化財「色絵磁器」の保持者に認定される。

↓P52・53／66

前 史雄　まえ・ふみお　1940—

石川県生まれ。金沢美術工芸大学で日本画を専攻し、一九六三年の卒業後に前大峰の養子となって師事し、伝統的な沈金技法を修得した。長く公立学校美術工芸の教諭を務め、のちに石川県立輪島漆芸技術研修所に勤務して後進の指導に当たった。一九六八年第十五回以降の日本伝統工芸展で活躍し、受賞を重ねる。一九九九年、重要無形文化財「沈金」保持者の認定を受ける。独自に沈金刀を工夫研究して多様な彫刻技法を駆使し、金銀、白金などにより日本画的で清新な意匠と装飾効果を高めた、情感豊かな制作を行っている。二〇〇一年、紫綬褒章受章。

↓P22・23

増村益城　ますむら・ましき　1910—1996

熊本県生まれ。本名、成雄。熊本市立商工学校漆工科卒。はじめ奈良の辻永斎に学び、一九三二年に上京して赤地友哉に師事し、渡辺喜三郎系の東京の髹漆を学んだ。一九三八年、実在工芸美術展、日本漆芸院展などに出品するとともに作家活動を始め、蒔絵の高野松山に師事する。戦後は日展に出品し、一九五六年に日本伝統工芸展に初入選、以降は同展を中心に活動する。一九五七年に日本工芸会総裁賞、一九六〇年に文化財保護委員会委員長賞を受賞。一九七八年、重要無形文化財「髹漆」保持者に認定された。石膏を用いた独自の乾漆器成形技法を編み出し、緊張感と張りのある作品を多数生み出している。現代乾漆の第一人者。

↓P68／95

松井康成　まつい・こうせい　1927—2003

長野県生まれ。本名、美明。一九五二年に明治大学文学部卒業後、笠間の古刹、月崇寺住職の長女と結婚し、一九五七年から同寺住職を務める。一九六〇年、境内に窯を築き、本格的に陶芸を始める。初期の約十年は日本・中国・朝鮮の古陶磁を研究し、その倣古作品を制作。一九六八年頃、練上手に絞って制作することを田村耕一に勧められ、練上の追求者としての作陶活動を展開する。一九六九年の日本伝統工芸展に初入選、以後同展や日本陶芸展で受賞を重ねる。一九八八年、紫綬褒章受章。一九九五年、重要無形文化財「練上手」の保持者に認定される。

↓P67

松田権六　まつだ・ごんろく　1896—1986

撮影／大堀一彦

石川県生まれ。若年より郷里の五十嵐派蒔絵を学び、一九一九年、東京美術学校漆工科卒業。六角紫水、正木直彦らの薫陶を受けて幅広い知識を身につけると同時に、古典研究の重要性を認識する。正倉院御物をはじめとする各時代作品や中国、朝鮮の漆芸品を調査研究し、その成果を作品に生かした格調の高い制作を行った。一九二九年帝展特選。一九四三年に東京美術学校教授となる。戦後は伝統工芸の復興と普及に努め、後継者の育成にも尽力。一九五五年、重要無形文化財「蒔絵」保持者に認定される。一九六三年に文化功労者、一九七六年に文化勲章を受章した。

↓P73／82／122／134／143

三浦小平二 みうら・こへいじ 1933―2006

新潟県生まれ。一九五三年に東京藝術大学で陶磁器研究会を作り、加藤土師萌に師事、卒業後は世界各地を旅し、制作を続けた。一九六四年、国立市に開窯。一九六六年の第十三回日本伝統工芸展に初入選、以来出品を続け、一九七六年の第二十三回展で文部大臣賞受賞。一九七三年に父・小平が逝去し、佐渡小平窯を継承する。一九七七年、日本陶磁協会

賞受賞。一九九〇年、東京藝術大学教授に就任。一九九六年、紫綬褒章受章。一九九七年には「青磁」で重要無形文化財保持者に認定される。

↓P56・57

三輪休和 みわ・きゅうわ 1895―1981

山口県生まれ。毛利藩御用窯を代々務めてきた三輪家に生まれ、一九一〇年に祖父・雪山、父・雪堂に師事して作陶修業に入った。一九二七年に十代を継承し休雪と号する。以来、古萩や高麗茶碗の研究に邁進し、雅味のある茶陶としての萩焼の復興に努め、後には「休雪白」と呼ばれる白萩釉を創案した。一九五六年以降日本伝統工芸展に出品し、一九七〇年には重要無形文化財「萩焼」の保持者に認定された。なお一九六七年には隠居して休和と号し、十一代休雪を弟・節夫が襲名する。同年、紫綬褒章受章。一九七三年、勲四等旭日小綬章受章。

↓P116

三輪壽雪 みわ・じゅせつ 1910―

山口県生まれ。本名、節夫。兄の十代休雪（休和）に師事後、川喜田半泥子に茶陶の制作を習う。一九六六年に十一代休雪を襲名。十代休雪が大成した「休雪白」の白釉を継承し、この白色を更に引き立てる工夫や、鬼萩茶碗、割高台茶碗などの個性あふれる力強い造形を展開する。二〇〇三年、長男の龍作に休雪を譲り、壽雪と改めて制作を続けている。一九八三年、重要無形文化財「萩焼」の保持者に認定される。

↓P142

宗廣力三 むねひろ・りきぞう 1914―1989

岐阜県生まれ。岐阜県立郡上農林学

校を卒業後、青年団「凌霜塾」を設立、主事として開拓農民育成に携わる。終戦を機に紬織物を志し、一九五二年、大平開拓農場内に郡上郷土芸術研究所を開設、本格的に「郡上紬」の研究・生産・指導を行う。一九五五年には陶芸家の河井寛次郎を訪問。一九七〇年代前半を境に、文様をより緻密なものとする一方で、色彩においては単色の濃淡を用いるようになる。一九八二年には重要無形文化財「紬縞織・絣織」の保持者に認定される。一九八四年、紫綬褒章を受章。

↓P54・55

森口華弘 もりぐち・かこう 1909―2008

滋賀県生まれ。本名、平七郎。尋常小学校を卒業後、京都の薬局に奉公。幼少期より絵を描くことを好み、一九二四年に友禅師・三代目中川華邨

撮影／小西晴美

に師事し、のちに日本画を疋田芳沼に学ぶ。一九三九年に独立して友禅制作に従事、一九五二年には京都工人社に参加。一九五五年、第二回日本伝統工芸展で朝日新聞社賞を受賞する。一九四〇年頃、東京国立博物館展示品から「蒔糊」の技法に着目し、独自の「蒔糊」の世界を構築。また、色の濃淡で魅せる「単彩」にも作風の特徴を示している。一九六七年、重要無形文化財「友禅」の保持者に認定される。一九七一年、紫綬褒章を受章。

↓P28・29／94

山田 貢　やまだ・みつぎ　1912―2002

岐阜県生まれ。一九二六年より中村勝馬に師事し、手描友禅、蠟染を学ぶ。産業工芸としての友禅の特質を理解しながらも作家性を主張する中村の姿勢に強い影響を受ける。一九

五一年、独立。一九五七年、第四回日本伝統工芸展に初入選。一九六八年、日本工芸会常任理事、染織部会長に就任。シャープな糸目糊の線を駆使した斬新な画面構成に特徴がある。一九八一年、日本工芸会工芸技術保存事業に参加。一九八四年、重要無形文化財「友禅」の保持者に認定される。

↓P71

山本陶秀　やまもと・とうしゅう　1906―1994

岡山県生まれ。一九二三年より本格的に作陶を開始する。一九三三年、楠部彌弌に師事。多年にわたり陶土の吟味、成形、焼成技法等の研究を重ね、伝統的な備前焼の制作技術を高度に体得する。殊に茶陶についての活躍は著しく、高い轆轤技術により品格ある作品を制作した。一九五八年、ブリュッセル万国博覧会にて金賞を受賞。一九七六年、紫綬褒章受章。一九七七年、毎日芸術賞受賞。一九八七年、重要無形文化財「備前焼」の保持者に認定される。

↓P124

柚木沙弥郎　ゆのき・さみろう　1922―

東京都生まれ。洋画家・柚木久太の次男。初めは美術を志すが、柳宗悦の「工芸の道」に啓発される。一九四七年、東京大学文学部美学美術史学科中退。芹沢銈介のもとに通い、染色の道に入る。翌年、芹沢の紹介で静岡県由比の正雪紺屋に住み込み、染め一般の技術を学ぶ。その後、倉敷に住み染色業を営む。一九四九年、国画会に出品し初入選、国画賞を受賞、以後、同展に続けて出品。一九五〇年から女子美術大学工芸科の講師を勤め、一九七二年、同大教授。型染の伝統的技術を現代的感覚の中に活かし、明るい色彩を用いた模様染は自由で暖かみのあるものとなっている。

↓P69

ルーシー・リー　Lucie Rie　1902―1995

オーストリア生まれ。轆轤に魅了され、ウィーン工業美術学校で陶芸を学ぶ。ウィーン工房で、数々の展覧会受賞作品も生み出す。一九三八年、ナチスの迫害を避けてイギリスに移住。終戦後、作陶を本格的に始動する。一九四六年ハンス・コパーがルーシーを訪ね、アシスタントとなり、ともにテーブル・ウェアなどを制作。バーナード・リーチとも交流を持った。掻き落としや象嵌の他、二種類以上の粘土を轆轤挽きし、色を交ぜ螺旋模様をつくるなど独特の作風を展開した。

↓P130

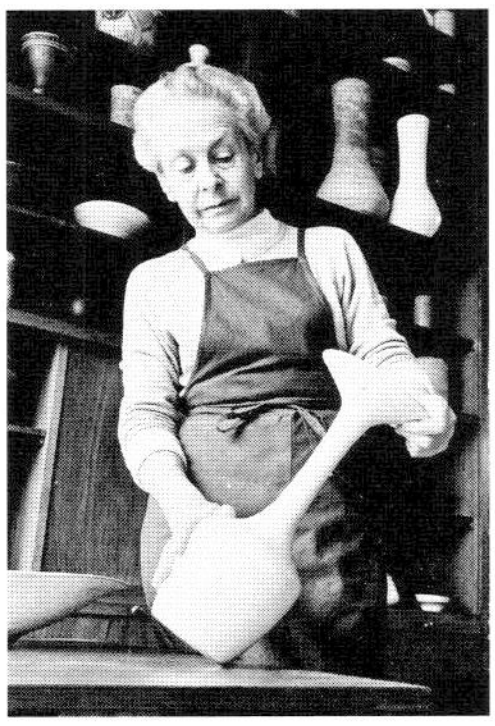
Yvonne Mayer / Crafts Study Centre, University for the Creative Arts, 2010

あとがき

本書は、平成十四年から二十一年までの八年間にわたり茶道誌『淡交』に連載させていただいた東京国立近代美術館工芸館の所蔵作品の解説文を一冊にまとめたものである。

工芸館では、昭和五十二年の開館以来、明治から現代にいたる国内外の工芸およびデザイン作品を収集・保管してきており（平成二十二年三月三十一日現在、約二千九百点）、連載では、年ごとのテーマにあわせて所蔵作品を紹介しつつ、現代工芸作品の鑑賞の仕方や工芸作家の高度な技法等を解説してきた。掲載した作品は、執筆担当となった各研究員がテーマの趣旨を理解する中で、ふさわしいと思う作品を選び出したものである。作品や素材・技法の重複に注意しながら、さらには読者にもわかりやすく、かつ、伝えやすい作品の選択は意外にも苦労し、また、テーマによっては作品を組み合わせたり、細部に焦点をあてたりしたことで、新たに撮影が必要となり、その見せ方やとらえ所などにも、それぞれに想いを注いだことを思い出す。

こうして本書を見ていくと、『淡交』の読者に楽しんでいただけたのだろうか、マニアックすぎて意図がわからなくなっていないだろうかと心配する反面で、所蔵作品を通して行ってきている工芸の普及に対して、まだまだいろいろな発信ができるんだということをあらためて感じ、今後の工芸館の活動についての助言をいただいたような気持ちにもなった。

最後に、工芸に温かい目を向けてくださり連載の機会を与えてくださった担当編集者の森田真示氏をはじめとする関係者の皆様、難しい撮影を持ち前のセンスで素晴らしい写真にしてくださった斎城卓氏、長年にわたり所蔵作品を撮り続けてくださっている大堀一彦氏・中島勇氏、そして本書への掲載にあたり、あらためてご快諾をいただきました著作権者の方々に、心からの感謝の意を捧げます。

平成二十二年九月

東京国立近代美術館
工芸課長　唐澤昌宏

作品撮影

大堀一彦／アローアートワークス　P55・59・97・101・109〜112・117・120・123・128・130〜133・136・138〜141
尾見重治　P125
斎城　卓　P9〜33・37〜54・56〜58・60・61・65〜77・81〜93・104・114・126
竹本春二　P142
藤森　武　P135
米田太三郎　P98・103・105・118・122・144・145
ニューカラー写真印刷　P96

写真協力

アローフィルムサービス
大崎聡明スタジオ
香川県漆芸研究所
石水博物館
富本憲吉記念館
豊蔵資料館
毎日新聞社
Crafts Study Centre, University for the Creative Arts

※なお写真掲載に際し、作家ご本人およびご家族、物故作家ご遺族、著作権継承者、関係者各位のご協力を得ました。

初出

細部の真実
　「淡交」平成十五年新年号〜十二月号
素材を手の内に
　「淡交」平成二十一年新年号〜十二月号
相承の系譜
　「淡交」平成十四年新年号〜十二月号
古典が息づく現代の工芸
　「淡交」平成十六年新年号〜平成十七年十二月号
茶室の工芸学―現代工芸家の茶器
　「淡交」平成十八年新年号〜平成二十年十二月号

（以下、書き下ろし）
総論　工芸の見かた・感じかた
　―五つの視点と歴史と
工芸家の工芸研究
　―「伝統工芸」を確立した近代の工芸家
工芸技法の伝承と教育
　―その現状と工芸界の取り組み
工芸家の交友と制作
　―友禅をめぐる二つの「個」
工芸と展覧会
　―独自の「発表の場」を求めて
近代美術館のなかの工芸館
　―工芸館のコレクションをみる

本文執筆

唐澤昌宏　東京国立近代美術館工芸課長
諸山正則　東京国立近代美術館工芸課主任研究員
今井陽子　東京国立近代美術館工芸課主任研究員
木田拓也　東京国立近代美術館工芸課主任研究員
北村仁美　東京国立近代美術館工芸課主任研究員
金子賢治　前・東京国立近代美術館工芸課長
　茨城県陶芸美術館館長
　東京国立近代美術館工芸課客員研究員
樋田豊郎　秋田公立美術工芸短期大学学長
　前・東京国立近代美術館工芸課主任研究官
冨田康子　横須賀美術館学芸員
　前・東京国立近代美術館工芸課客員研究員
三上美和　京都造形芸術大学専任講師
　前・東京国立近代美術館工芸課客員研究員
（「掲載作品作者紹介」）
神田惟　岸田陽子　福永愛
松井裕美　三石恵莉
　東京国立近代美術館工芸課インターン

装丁

井上二三夫

東京国立近代美術館工芸館のご紹介

工芸館は、近代美術の中でも工芸およびデザイン作品を展示紹介する、東京国立近代美術館の分館として１９７７年に開館しました。建物は重要文化財に指定されている明治洋風レンガ造りの旧近衛師団司令部庁舎で、明治以降の日本と外国の工芸およびデザイン作品およそ２９００点を収蔵しています。年二、三回の企画展とともに所蔵作品展を積極的に開催、そこでは「近代工芸の百年」「近代工芸の名品」「テーマ展示」の三つを展示の柱としています。毎回、所蔵作品の中から約１００点の作品が展示され、近・現代の工芸の様相を総合的に鑑賞することができます。

撮影／上野則宏（左・展示室） 大堀一彦（右・外観）

◉開館時間
10時〜17時（入館は16時30分まで）

◉休館日
毎週月曜日（祝日・振替休日に当たる場合は開館、翌日休館。但し展覧会によって特別に開館することもあります）、展示替期間、年末年始

◉観覧料
所蔵作品展＝一般２００円 大学生７０円
※20名以上団体割引あり
※毎月第一日曜日は所蔵作品展を無料で観覧できます
※高校生以下および18歳未満、65歳以上、キャンパスメンバーズ、MOMATパスポート、障害者手帳をお持ちの方とその付添者（原則1名）は無料
企画展＝その都度別に定めます

◉アクセス
東京メトロ東西線竹橋駅より徒歩8分、または東京メトロ半蔵門線・東西線・都営新宿線九段下駅より徒歩12分
〒102-0091
東京都千代田区北の丸公園1-1
☎03-5777-8600（ハローダイヤル）
http://www.momat.go.jp/

工芸の見かた・感じかた
感動を呼ぶ、近現代の作家と作品

平成22年10月10日 初版発行

編　者 東京国立近代美術館工芸課
発行者 納屋嘉人
発行所 株式会社 淡交社
本社 京都市北区堀川通鞍馬口上ル
営業 075-432-5151
編集 075-432-5161
支社 東京都新宿区市谷柳町39-1
営業 03-5269-7941
編集 03-5269-1691
http://www.tankosha.co.jp

印刷・製本 図書印刷株式会社

ISBN 978-4-473-03656-8